⊙ 사진 제공
국립중앙박물관, 국립청주박물관, 청주고인쇄박물관, 해인사

교과서 속 역사 이야기
그림으로 보는 한국사 ❸

개정판 1쇄 발행 2022년 3월 10일
개정판 11쇄 발행 2025년 6월 10일

글 유재광 | **그림** 유설화 | **감수** 역사와 사회과를 연구하는 초등 교사 모임

발행인 오형석
편집장 이미현 | **편집** 정은혜 | **디자인** 이희승
발행처 (주)계림북스
신고번호 제2012-000204호 | **등록일자** 2000년 5월 22일
주소 서울시 마포구 창전로 74 여촌빌딩 3층
대표전화 (02)7079-900 | **팩스** (02)7079-956
도서문의 (02)7079-913
홈페이지 www.kyelimbook.com

ⓒ계림북스, 2022
이 책에 실린 글과 그림, 사진의 무단 전재나 복제를 금합니다.

ISBN 978-89-533-3434-2 74900 | 978-89-533-3431-1(세트)

교과서 속 역사 이야기

그림으로 보는 한국사

3

글 유재광 | 그림 유설화 | 감수 역사와 사회과를 연구하는 초등 교사 모임

계림북스
kyelimbooks

감수의 말

역사 속으로 이제 발을 내딛는 어린이들을 위한 책!

초등학교 5학년 교육 과정에 한국사 교육이 도입되면서 많은 학부모님과 학생들이 역사 학습에 큰 관심을 보이고 있습니다. 초등학교 저학년 때부터 읽을 만한 역사책을 찾는 눈길도 더욱 많아지고 있고요.

그런데 도대체 왜 우리 아이들에게 역사를 알려 주어야 하는 걸까요? '역사를 배운다'는 것은 역사 그 자체를 배우는 것이기도 하지만, '역사를 통해 배우는 것'이기도 합니다. 과거를 들여다봄으로써 현재를 알고, 나아가 미래를 내다볼 수 있지요.

하지만 저학년의 경우 의도적으로 역사를 교육하기란 쉽지 않습니다. 그 나이 때에는 '역사'라는 개념을 인식하기보다는 막연하게 옛것을 느끼는 정도이기 때문입니다. 따라서 저학년 어린이들에게는 스토리텔링으로 역사를 풀어내 마치 동화책을 읽듯이 쉽고 재미있게 역사책을 접하게 해 주는 것이 좋습니다. 실제로 교육 현장에 있다 보면 역사책을 좋아하는 아이들도 역사책이 '옛날이야기 읽듯 술술 읽히는 책이었으면 좋겠어요.'라고 이야기하곤 합니다.

〈그림으로 보는 한국사〉 시리즈는 이러한 부모님들의 관심과 우리 아이들의 바람을 담아 만든 역사책이에요.

이 책은 저학년 아이들의 눈높이에 맞는 내용을 적절한 분량의 글로 풀어내 아이들이 혼자서도 옛이야기처럼 술술 재미있게 읽으면서 한국사의 흐름을 쉽게 정리할 수 있습니다.

역사적 사건을 콕 집어낸 재치 있는 그림에 사진 자료 및 역사 지도 등을 덧붙여 내용을 입체적으로 이해할 수도 있지요.

또한 정치나 사회에만 치우치지 않고 옛날 사람들이 살던 모습, 풍속, 문화 등을 적절히 녹여 내 아이들이 역사란 나와 상관없는 먼 옛날의 이야기가 아닌, 자신과 관련된 친근한 이야기라는 것을 느낄 수 있을 것입니다.

본문 중간중간에 마련된 코너인 '역사 배움터'에서는 더 깊이 알아 두면 좋은 내용들을 살펴볼 수 있으며, '역사 놀이터'에서는 재미있는 문제를 풀며 읽은 내용을 확인할 수 있습니다. 그리고 책의 끝장에 붙어 있는 연표를 통해 역사의 흐름을 한눈에 정리할 수 있어요.

우리 아이들이 〈그림으로 보는 한국사〉를 읽고 우리 역사에 더욱더 관심을 갖고, 자신과 나라의 미래를 생각할 수 있는 아이로 성장하길 바랍니다.

역사와 사회과를 연구하는 초등 교사 모임

차례

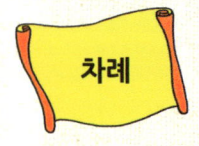

새 나라, 고려

- 고려를 세웠어요 ········· 12
  - 신라를 지킬 힘이 없어요
  - 고려가 후삼국을 통일했어요
- 왕의 힘을 키우고, 백성을 다독인 왕건 ········· 15
  - 너도 와라, 너도 와라
  - 백성들을 잘 보살폈어요
  - 스물아홉 명과 결혼했어요
  - 고구려의 옛 땅을 되찾았어요

역사 배움터 ········· 19
왕건 동상의 비밀

- 광종이 호족을 억눌렀어요 ········· 20
- 고려에서 관리 되기 ········· 22
  - 과거 시험은 너무 어려워
  - 과거 시험 보지 않고 관리 되는 법
  - 권력을 물려받아요

- 더 튼튼한 나라를 위해 ········· 26
  - 신분 제도가 달라졌어요
  - 최승로가 문제점을 지적했어요
  - 지방으로 관리를 보냈어요
  - 본관에 따라 세금이 달랐어요

역사 배움터 ········· 31
이름 앞에 '성'이 생겼어요!

- 불교를 믿으며 살아가는 고려 사람들 ········· 32
  - 부처를 믿고 따랐어요
  - 내 꿈은 승려가 되는 거예요
  - 차곡차곡 재산을 모으는 절

- 다양한 종교가 있어요 ········· 36
  - 풍수지리가 유행했어요
  - 신령과 서낭신을 모시고 무당을 믿어요
  - 나라의 축제, 팔관회와 연등회

역사 배움터 ········· 39
고려의 거대한 돌부처

역사 놀이터 잘못된 부분 찾기 ········· 40

거란을 물리치고 발전하는 고려

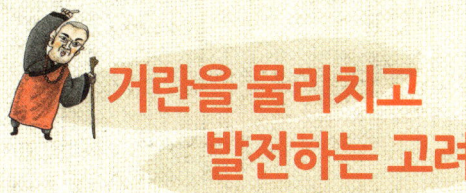

- 거란이 쳐들어왔어요 44
  - 거란의 검은 속셈
  - 거란을 물리친 서희의 협상
  - 강감찬과 귀주 대첩
  - 천리장성을 쌓았어요

- 이웃 나라와 교류하며 발전했어요 50
  - 고려의 전성기가 시작됐어요
  - 국제적인 무역항, 벽란도
  - 수출도 하고, 수입도 하고
  - 세계로 뻗어 가는 코리아

- 해동통보가 나왔어요 54

- 청자와 나전 칠기는 고려의 자랑 55
  - 도공이 만든 고려청자
  - 독창적인 고려의 상감 청자
  - 화려한 나전 칠기

역사 배움터 59
고려에 대해 빠짐없이 기록하라!

- 고려 사람들은 어떻게 살았나요? 60
  - 구재 학당은 인기 사립 학교
  - 9시에 출근해서 5시에 퇴근하는 관리들
  - 귀족의 집으로 가 볼까요?
  - 채식을 즐겨 먹었어요
  - 서민의 집으로 가 볼까요?
  - 중미정 공사장 사내들의 눈물
  - 고려 가요를 불러요
  - 운동 경기를 함께 즐겨요

- 여자들의 지위가 올라갔어요 71
  - 처갓집에서 사는 남자
  - 아들딸 차별이 없어요

역사 배움터 73
고려장은 고려의 풍습이다?

- 나라 안팎으로 흔들리는 고려 74
  - 윤관이 여진을 정벌했어요
  - 반란을 일으킨 이자겸
  - 도읍지를 옮기려는 묘청

역사 놀이터 그림 순서 맞추기 80

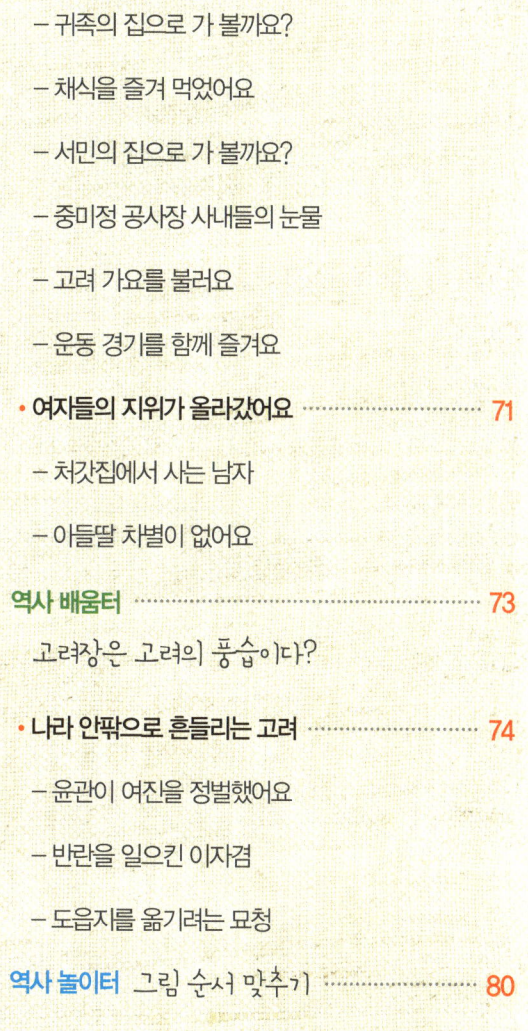

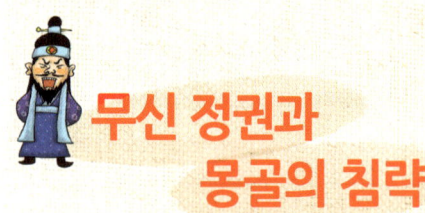

무신 정권과 몽골의 침략

- **무신들이 권력을 잡았어요** ········ 84
  - 차별을 당하는 무신들
  - 무신 정권의 우두머리 최씨 집안

역사 배움터 ········ 88
백성의 아픔을 노래한 이규보

- **차별에 분노하며 일어선 백성들** ········ 89
  - 욕심을 채우는 무신들
  - 백성들이 반란을 일으켰어요
  - 노비 만적의 외침

- **세계 최강 몽골이 쳐들어왔어요** ········ 94
  - 몽골군이 몰려오고 있어요
  - 강화도로 도읍지를 옮겼어요
  - 나라를 지킨 백성들
  - 30년 전쟁이 끝났어요
  - 몽골에 맞서 싸운 삼별초 항쟁

- **가족을 찾으러 몽골에 갔어요** ········ 104
- **나라를 지키는 팔만대장경** ········ 106
- **백성들에게 힘을 준 〈삼국유사〉** ········ 108

역사 배움터 ········ 109
〈삼국사기〉 VS 〈삼국유사〉

- **고려 시대의 병원과 약국** ········ 110
  - 왕들의 평균 수명이 늘어났어요
  - 가난한 백성을 치료한 배덕표

역사 놀이터 내 마음 표현하기 ········ 112

원나라의 간섭과 고려에 닥친 시련

- **원나라의 간섭에 시달렸어요** ········ 116
  - 원나라 공주를 왕비로 맞았어요
  - 원나라에 충성을 다하라
  - 일본 침략을 도왔어요
  - 원나라에 매를 바쳐라
  - 어린 여자들이 끌려갔어요

- **원나라 풍속이 널리 퍼졌어요** ········ 121
  - 변발하지 않은 자는 따라오지 마라
  - 몽골어를 썼어요
  - 원나라 스타일이 유행했어요

역사 배움터 ········ 125
복을 비는 경천사 10층 석탑

- 횡포를 부리는 사람들 ················ 126
- 새로운 학문, 성리학이 들어왔어요 ········ 128
  - 성리학이 뭐예요?
  - 만권당에서 성리학을 배워요

역사 배움터 ························· 130
섬세하고 화려한 고려 불화를 감상해요

역사 놀이터 단어 찾기 ················ 132

개혁의 실패와 떠오르는 세력

- 원나라의 간섭에서 벗어나기 위해 ········ 136
  - 때를 기다리는 공민왕
  - 빼앗긴 땅을 되찾아라
  - 공민왕의 시련
  - 공민왕과 노국대장공주의 사랑

역사 배움터 ························· 140
문익점이 목화를 길렀어요

- 개혁의 칼날을 빼 든 신돈 ·············· 142

- 계속되는 왜구의 침략 ················· 145
  - 해안가에서 살 수 없어요
  - 화약을 만들어 왜구를 물리친 최무선

역사 배움터 ························· 148
세계에서 가장 오래된 금속 활자

- 고려의 운명을 결정한 요동 정벌 ········· 150
  - 새롭게 떠오르는 세력
  - 명나라는 중국의 새 강자
  - 요동 지방을 공격한 최영
  - 위화도에서 군대를 돌린 이성계

- 무너지는 고려, 떠오르는 조선 ··········· 156

역사 놀이터 다른 그림 찾기 ············ 158

역사 놀이터 정답 ····················· 160

〈부록〉 한국사 연표

신라, 후백제, 후고구려가 힘을 겨루던 후삼국 시대가 막을 내리고,
새 나라, 고려가 후삼국을 통일했어요.
하지만 아직 왕의 힘이 약했고 나라는 불안정했어요.
통일에 큰 도움을 준 호족들은 나랏일에 시시콜콜 참견했고,
오랜 전쟁으로 지친 백성들은 가난한 살림과 높은 세금에 허덕였지요.
고려의 왕들은 어떻게 왕의 힘을 키우고 나라를 안정시켰을까요?
또 흩어져 있던 백성들의 마음을 하나로 모으기 위해 어떤 방법을 썼을까요?
먼저 후삼국을 통일한 왕건의 이야기부터 들어 보세요.

새 나라, 고려

고려를 세웠어요

신라를 지킬 힘이 없어요

신라는 왕이 자주 바뀌고 귀족들이 갈라져 다투면서 점점 약해졌어요. 그러는 동안 지방 호족들의 힘은 날로 커졌고 호족들 중 가장 힘이 셌던 견훤이 후백제를, 궁예가 후고구려를 세웠어요. 궁예는 백성들의 지지를 받으며 영토를 넓혔지만, 차츰 신하들을 믿지 않고 백성들에게도 난폭하게 굴었어요. 그래서 궁예의 신하인 왕건이 다른 장군들과 힘을 합해 궁예를 내쫓은 뒤, 918년에 '고려'를 세웠어요.

★**호족** 신라 말기 지방에서 성장하여 고려를 세우는 데 힘쓴 세력이에요.

새 나라, 고려

한편 남쪽 지방에서는 견훤이 세운 후백제가 크게 세력을 떨치며 고려와 신라를 위협했어요. 견훤은 급기야 신라로 쳐들어가 경애왕을 죽였어요. 왕건은 신라를 돕기 위해 달려갔지만 견훤의 군대에 패배했어요. 그러나 신라 사람들은 자신들을 도와준 왕건에게 호감을 느꼈어요. 경애왕의 뒤를 이은 경순왕은 나라를 지키기 어려워지자, 935년에 왕건에게 신라를 바쳤어요.

고려가 후삼국을 통일했어요

견훤은 아끼던 넷째 아들 금강에게 왕위를 물려주고 싶었어요. 그런데 그 사실을 안 큰아들 신검이 아버지 견훤을 절에 가두고 동생을 물리친 뒤 왕이 되었어요. 견훤은 절에서 겨우 탈출해서 고려로 갔어요. 왕건은 탈출한 견훤을 받아 주었지요. 왕건은 견훤과 함께 후백제를 공격했고 그 싸움에서 고려가 크게 이겼어요. 936년, 드디어 왕건이 후삼국을 통일했어요.

★**후삼국** 통일 신라 말기의 후고구려, 후백제, 신라를 통틀어 이르는 말이에요.

새 나라, 고려

누구나 고려의 백성이 될 수 있다!

왕의 힘을 키우고, 백성을 다독인 왕건

너도 와라, 너도 와라

견훤과 궁예는 호족과 백성들에게 사랑을 받지 못했지만, 고려를 세운 왕건은 덕을 베풀어 백성들의 마음을 얻었답니다. 그는 자신을 도와준 호족들에게 벼슬과 땅을 주고 자신과 같은 왕씨 성도 내려 주었어요. 항복한 경순왕에게도 벼슬을 주고 후하게 대접했지요. 멸망한 발해의 세자가 백성들을 데리고 찾아왔을 때에도 살 곳을 마련해 주었어요.

백성들을 잘 보살폈어요

고려의 백성들은 오랫동안 전쟁을 치르느라 가난과 배고픔에 지쳐 있었어요. 농사를 지어 곡식을 거두어도 세금을 내고 나면 남는 게 없어서 굶어 죽는 사람들이 많았지요. 왕건은 백성들의 세금을 10분의 1로 줄이고, 봄에는 백성들에게 곡식을 빌려 주기로 했어요. 이처럼 왕건은 백성들의 어려운 살림을 잘 보살펴 주는 왕이었어요.

세금은 10분의 1만 내거라….

고맙습니다.

스물아홉 명과 결혼했어요

왕건은 왜 스물아홉 명의 여자들과 결혼했을까요? 바람둥이 왕이었냐고요? 그는 힘 있는 호족들을 자기편으로 만들어서 왕권을 튼튼히 하려고 여러 호족의 딸들과 결혼을 한 거예요.
하지만 왕건은 호족들을 철저히 감시하기도 했어요. 호족들이 반란을 일으키지 못하도록 그들의 아들들을 인질로 삼아 도읍지인 개경에 머물게 했답니다.

고구려의 옛 땅을 되찾았어요

왕건은 고구려의 옛 땅을 꼭 되찾고 싶었어요. 고구려의 전통을 이어받았다는 뜻으로 나라의 이름도 '고려'라고 지었으니 당연한 소망이었지요. 그는 고구려의 옛 도읍지였던 평양을 서쪽 도읍지(서경)로 삼고, 자주 찾아갔어요. 왕건은 멸망한 발해의 많은 백성들이 고려로 찾아오자 살 곳을 마련해 주고 그곳의 땅을 일구게 했어요. 또 북쪽에 살고 있는 여진 사람들을 달래거나 내쫓기도 하면서 차츰 고구려의 옛 땅으로 영토를 넓혀 나갔어요.

왕건 동상의 비밀

1992년 개성에 있는 왕건의 무덤 근처에서 청동 동상이 발굴되었어요. 머리에 관을 쓰고 의자에 앉아 있는 이 사람은 누구일까요? 놀랍게도 그는 왕건이랍니다.
고려 사람들은 나라를 세운 왕건을 신처럼 받들었어요. 그래서 동상을 만들어 개성에 있는 봉은사에 모셔 놓고 나라에 중요한 행사가 있을 때마다 제사를 지냈지요.
그런데 왜 벌거벗은 모습일까요? 원래는 청동 동상에 얇게 금을 입히고, 그 위에 비단옷을 입혀 놓았어요. 하지만 오랜 세월 동안 땅속에 있었기 때문에 금이 벗겨지고 옷도 썩어 버렸어요.
잠깐! 봉은사에 있어야 할 동상이 왜 왕건의 무덤 근처에 있는 것일까요? 조선 시대에는 왕건의 동상에 제사 지내는 것이 유교식 제사 예절에 맞지 않다고 생각했어요. 그래서 동상을 땅에 묻은 거예요. 지금은 북한에 있어서 사진으로만 볼 수 있어요.

왕건 동상

광종이 호족을 억눌렀어요

태조 왕건에게는 스물다섯 명의 아들이 있었어요. 왕건이 죽고 난 뒤, 왕자들의 외할아버지인 호족들은 서로 자신의 손자를 왕으로 세우려고 싸웠어요. 광종은 힘이 센 외가의 힘으로 왕위에 올랐어요. 하지만 오히려 호족을 억누르고 왕의 힘을 되찾기 위해 노력했지요.
광종은 억울하게 노비가 된 사람들부터 풀어 주었어요. 당시 호족들에게 노비는 재산이나 마찬가지였어요. 그러니 노비의 수를 줄인다는 것은 곧 호족의 힘을 빼앗겠다는 뜻이었지요.

억울한 노비 풀어 주고!

광종 임금님 만세

새 나라, 고려

광종은 믿을 만한 새 관리들을 뽑기 위해 과거 제도를 실시했어요.
신라 때는 태어날 때부터 관리가 될 수 있는 신분이 정해져 있었어요.
이와 달리 고려 시대에는 실력만 있으면 과거 시험을 보고 관리가
될 수 있도록 했어요. 호족들이 크게 반대했지만 소용없었어요.
광종이 과거 제도를 반대하는 호족들을 처형했거든요.
호족과 신하들은 광종의 개혁을 지켜보며 불안에 떨며 살았어요.

고려에서 관리 되기

과거 시험은 너무 어려워

요즘도 나랏일을 하는 공무원이 되려면 시험을 보지요?
고려 시대도 마찬가지예요. 과거 시험을 통과해야 관리가 될 수 있었지요.
과거 시험에는 제술과, 명경과, 잡과가 있어요. 제술과와 명경과는 나랏일을
할 문신을 뽑는 시험이에요. 문신들은 자신의 의견을 글로 표현해야
하기 때문에 문장 짓는 능력을 보는 제술과를 더 높게 대우했어요.
지리, 수학, 의학, 법률을 담당하는 기술직 관리들은 잡과에서 뽑았어요.

농민들도 과거를 볼 수 있었지만, 실제로 시험을 보는 사람은 귀족, 관리,
지방 부자들의 자녀들이 대부분이었어요. 과거에 합격한다고 해도 바로
관리가 될 수 있는 것도 아니었어요. 관직의 수가 적기 때문에 몇 년씩
기다려야 했지요. 30년이 넘도록 관리가 되지 못한 사람도 있었어요.

★문신 학문을 연구하는 벼슬아치예요.

과거 시험 보지 않고 관리 되는 법

관리가 되려면 과거 시험을 꼭 봐야 했을까요? 그렇지 않아요. 조상이 5품★ 이상의 높은 벼슬을 지냈거나 큰 공을 세운 사람의 자녀에게 벼슬을 주는 '음서'라는 제도가 있었거든요. 하지만 과거 제도가 차츰 뿌리내리면서, 음서로 벼슬을 받더라도 다시 과거를 보는 사람들이 늘어났어요. 뭐니 뭐니 해도 실력이 제일 중요하기 때문이에요.

★품 벼슬자리에 매기는 등급이에요.

너희는 **공부 안 해도** 높은 관직과 넓은 땅이 공짜로 생길 것이다!

권력을 물려받아요

관리들은 일한 대가로 땅을 받았어요.
실제로 땅을 받는 것이 아니라,
거기에서 거둔 곡식을 받았어요. 벼슬을
그만두면 땅을 나라에 다시 돌려주고요.
단, 5품 이상의 높은 관리와 나라에 크게
이바지한 신하에게 주는 '공음전'이라는
토지는 자식에게 물려줄 수 있었어요.
'음서'와 '공음전'을 통해 대대로
높은 벼슬과 넓은 땅을 차지하고
큰 권력을 누리는 집안도
생겨났어요. 이런 사람들을
'문벌 귀족'이라고 해요.

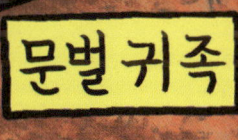

오예, 우리 아빠 최고!

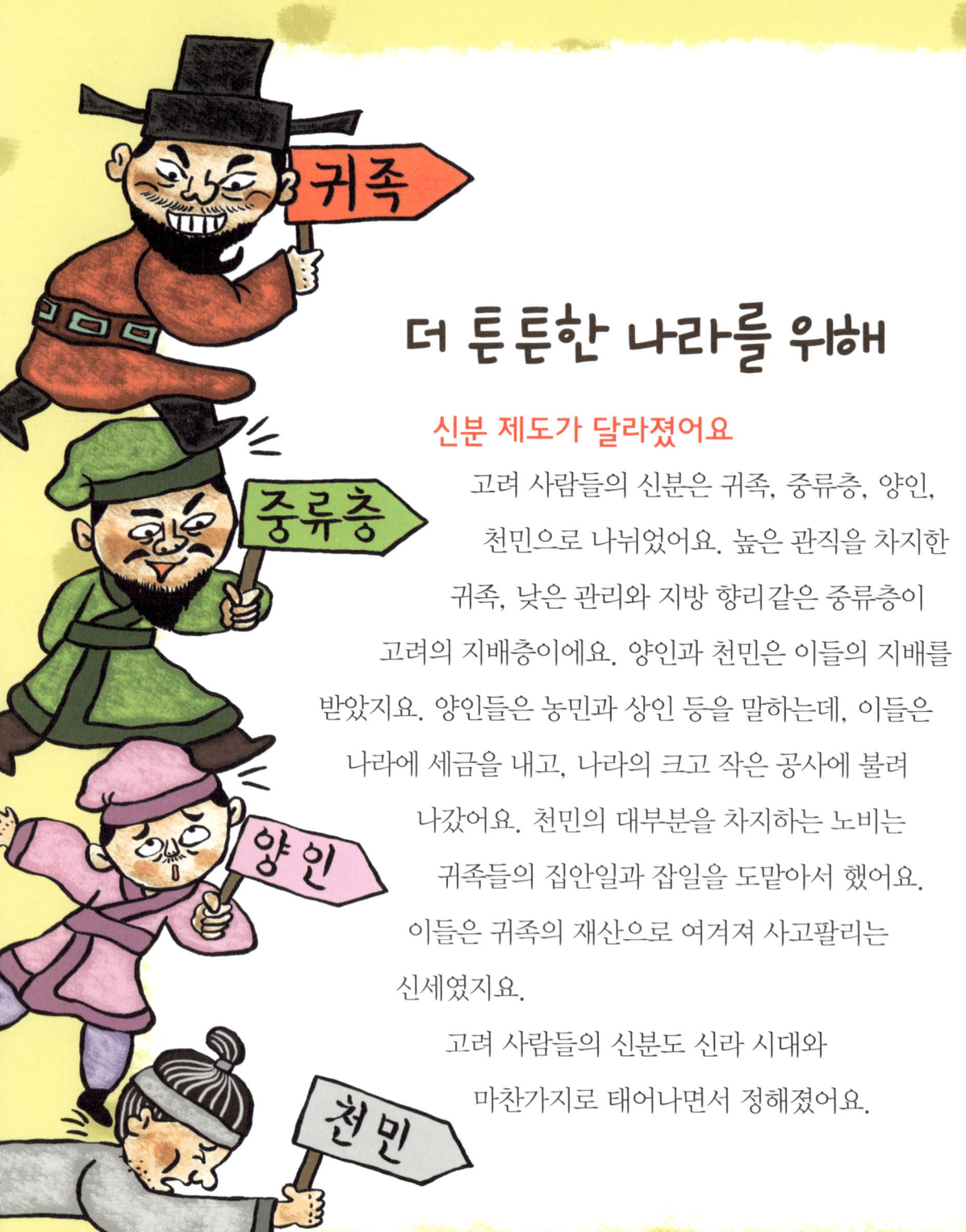

더 튼튼한 나라를 위해

신분 제도가 달라졌어요

고려 사람들의 신분은 귀족, 중류층, 양인, 천민으로 나뉘었어요. 높은 관직을 차지한 귀족, 낮은 관리와 지방 향리같은 중류층이 고려의 지배층이에요. 양인과 천민은 이들의 지배를 받았지요. 양인들은 농민과 상인 등을 말하는데, 이들은 나라에 세금을 내고, 나라의 크고 작은 공사에 불려 나갔어요. 천민의 대부분을 차지하는 노비는 귀족들의 집안일과 잡일을 도맡아서 했어요. 이들은 귀족의 재산으로 여겨져 사고팔리는 신세였지요.

고려 사람들의 신분도 신라 시대와 마찬가지로 태어나면서 정해졌어요.

부모 중에서 한쪽이 노비이면 그 자식도 노비가 되었지요. 하지만 신분이 바뀌는 일이 드문 신라와 달리, 고려에서는 능력에 따라 신분이 올라갈 수도 있었어요. 지방의 향리가 과거 시험에 합격해서 중앙의 관리가 되고, 양인이 잡과를 봐서 낮은 관리가 되기도 했어요. 고려의 신분 제도는 신라보다 조금 더 발전된 모습이에요.

최승로가 문제점을 지적했어요

성종이 관리들에게 숙제를 냈어요.
"조정*에서 고쳐야 할 점을 써 오거라."
성종의 마음에 든 것은 최승로가 쓴 글이었어요. 최승로는 고칠 점을 무려 스물여덟 가지(시무 28조)나 아뢰었어요. 그는 그 글에서 유교를 바탕으로 나라를 다스려야 한다고 주장했지요.
"지방에 관리를 보내 백성을 보살피고, 불교의 문제점을 고쳐야 합니다." 성종은 최승로의 의견을 받아들여 여러 가지 제도를 조금씩 고쳐 나갔어요.

★**조정** 임금이 나라의 정치에 대해 신하들과 의논하거나 집행하는 곳이에요.

새 나라, 고려

자, 가서 내 뜻에 따라 지방을 다스려라.

지방으로 관리를 보냈어요

왕의 명령을 널리 전하고 세금을 잘 거두려면 어떻게 해야 할까요? 고려에서는 이를 위해 각 지방에 관리를 두고 나라를 다스렸어요. 고려 시대 초기에는 왕의 힘이 약했기 때문에 지방으로 관리를 보내지 못했어요. 그래서 고려의 통일을 도왔던 호족 출신들이 지방의 관리 역할을 대신했지요. 하지만 나라가 어느 정도 안정되자 성종은 지방에 관리들을 보내 자신의 뜻대로 지방을 다스리기 시작했어요. 지방에 관리를 파견하자, 호족들은 고을 수령을 도와 일하는 지방 향리가 되었어요.

본관에 따라 세금이 달랐어요

조정에서는 백성들이 살고 있는 곳을 '본관'으로 정하고, 백성들 마음대로 이사를 다니지 못하게 했어요. 살고 있는 백성들의 수를 파악해서 세금을 쉽게 걷으려고 그런 거예요.

본관이 어디인지에 따라 세금도 달랐어요. 특히 향·소·부곡★에 사는 사람들은 양인이지만 천민과 다를 바 없는 대접을 받았어요. 그들은 다른 행정 구역에 사는 양인들보다 세금을 더 많이 냈으며, 나라에서 정해 준 대로 종이, 먹, 도자기, 금은 같은 특산품까지 바쳤어요.

★**향·소·부곡** 지방의 특수 행정 구역이에요. 향과 부곡에는 농민들이 살고, 소에는 물건을 만드는 사람들이 살았어요.

이름 앞에 '성'이 생겼어요!

신라 때에는 귀족들만 김씨나 박씨 같은 성을 가질 수 있었어요. 대부분의 백성들은 성이 없고 이름만 있었지요. 고려를 세운 왕건 집안도 아버지는 용건, 아들은 왕건이라는 이름만 갖고 있었어요. 왕건은 지위가 높아진 뒤에 이름의 앞 글자를 따서 자신의 성을 '왕'씨라고 정했어요. 왕건은 호족들을 자기편으로 만들기 위해 그들에게 왕씨 등 새로운 성을 주었어요. 이렇게 귀족들이 성을 갖게 되면서 일반 백성들도 차츰 성을 쓰기 시작했지요. 하지만 노비들은 여전히 성이 없었어요.
본관 제도가 자리를 잡으면서 고려 사람들은 본관과 성을 함께 썼어요. 예를 들어, 성종에게 '시무 28조'를 올린 최승로는 경주 최씨, 즉 경주에 사는 최씨 집안사람이에요. 요즘은 본관의 의미가 바뀌어서 집안의 시조★가 살았던 곳을 가리켜요. 여러분의 본관과 성은 무엇인가요?

★**시조** 국가나 집안에서 맨 처음이 되는 조상을 말해요.

불교를 믿으며 살아가는 고려 사람들

부처를 믿고 따랐어요

사람들은 부처와 함께 일생을 보냈어요. 백성들은 부처에게 곡식을 바치며 아기를 낳게 해 달라거나 가족의 건강 등 소원을 빌었어요. 또 누군가가 죽으면 불교의 방식대로 화장을 하고 장례를 치렀지요. 임금도 불교를 믿었기 때문에 곳곳에 절을 짓고, 나라에 큰 어려움이 닥쳤을 때 이를 이겨 내기 위해 대장경을 펴냈어요.

★**화장** 시체를 불에 살라 장사를 지내는 거예요.
★**대장경** 불교에 관한 온갖 글과 자료를 모아 놓은 책이에요.

새 나라, 고려

내 꿈은 승려가 되는 거예요

고려에서는 승려들을 극진히 대접했어요. '승과'라는 시험에 합격한 승려들은 더 높은 자리로 올라갈 수 있었어요. 국사와 왕사의 지위까지 오르면 왕과 백성들의 존경을 한 몸에 받았지요. 유명한 국사였던 의천은 문종의 넷째 아들이에요. 불교 경전을 공부하기 위해 송나라에 다녀오고, 불교를 발전시키기 위해 애도 많이 썼지요. 고려에서는 의천처럼 왕족이나 귀족의 아들이 승려가 되는 일이 많았어요.

★국사 지혜와 덕이 높아 나라의 스승이 될 만한 승려에게 내리던 칭호예요.
★왕사 왕의 스승인 승려예요. 국사의 아래 등급이에요.

차곡차곡 재산을 모으는 절

왕족과 귀족들은 부처에게 많은 재산과 땅을 바쳤어요. 문종이 세운 흥왕사는 건물이 서른 채가 넘었대요. 재물이 넉넉해진 절에는 사람들이 늘 북적댔어요. 절에서는 절의 행사나 승려들에게 필요한 물건을 사거나, 직접 만든 종이나 기와, 그리고 소금, 기름, 꿀 같은 귀한 식품들을 내다 팔았어요.

이렇듯 절에서 물건을 사고파는 경제 활동이 활발하게 일어났어요. 물론 가난한 농민이나 아픈 사람들을 돕는 일에도 힘썼고, 전국 곳곳에 '원'이라는 숙박 시설도 운영했어요. 필요한 사람에게는 곡식도 빌려 주었지요. 하지만 이자를 비싸게 받아서 백성들을 더욱 힘들게 했어요. 절은 이런저런 방법으로 재산을 모아 큰 부자가 되었어요. 승려들은 넓은 땅과 재산을 욕심내며 부처의 가르침으로부터 점점 멀어졌어요.

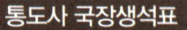
통도사 국장생석표
절이 소유한 땅을 나타내는 표

새 나라, 고려

다양한 종교가 있어요

풍수지리가 유행했어요

"내가 말한 대로 집을 지으면 귀한 아들을 얻을 것이오."

집주인이 도선의 말대로 집을 고쳐 짓자, 다음 해에 정말로 그 집에 아들이 태어났어요. 그 아이가 고려를 세운 왕건이에요. 도선은 풍수지리에 뛰어난 승려였어요. 풍수지리란 산과 물의 모양이나 땅의 기운에 따라 사람의 복이 달라진다는 이론이에요. 고려 시대에는 풍수지리가 널리 퍼졌어요. 그래서 백성들은 집이나 무덤 자리를 정할 때 그것을 무척 중요하게 생각했지요. 나라에서도 도읍지나 궁궐터, 절터를 정할 때 반드시 풍수지리를 따져서 좋은 자리를 찾도록 했어요.

새 나라, 고려

신령과 서낭신을 모시고 무당을 믿어요

고려 사람들은 여러 신들을 믿었어요. 사진에 있는 청동 용·나무·집 무늬 거울의 무늬를 보세요. 무엇이 보이나요? 신선과★ 용이 보이지요? 고려 시대에는 도교★의 영향을 받아 신선에 대한 믿음이 널리 퍼졌어요. 산, 강, 바다 같은 자연물과 용에게도 제사를 지냈고요. 또한 사람들은 서낭신★을 모시는 서낭당을 곳곳에 두어 마을의 평화를 빌기도 했어요.
병들거나 걱정이 생겼을 때는 맨 먼저 신령을 모시는 무당을 찾아가 고민을 털어 놓았어요.

★**신선** 인간 세계를 떠나 자연과 벗하며 사는 상상의 인물이에요.
★**도교** 중국의 민족 종교예요.
★**서낭신** 토지와 마을을 지켜 주는 신이에요.

청동 용·나무·집 무늬 거울

용

신선

마을을 지키는 서낭당

37

나라의 축제, 팔관회와 연등회

고려에서는 흥겹고 화려한 축제가 열렸어요. 팔관회는 가을걷이가 끝난 뒤 개경과 서경 두 곳에서 열렸어요. 왕이 부처와 하늘, 산, 들, 용 같은 신들에게 제사를 올리고, 신하들과 함께 노래와 춤을 즐겼지요. 나라의 큰 잔치여서 송나라와 여진에서도 축하 사절단이 찾아왔어요. 연등회는 이른 봄에 열렸어요. 마을마다 연등을 밝혀 부처를 섬기고 복을 빌었지요. 오늘날 부처님 오신 날에 연등을 켜는 것은 이 축제의 모습이 남아 있는 거예요.

고려의 거대한 돌부처

우아! 이렇게 큰 부처를 본 적이 있나요? 파주 용미리에 있는 이 불상들은 키가 무려 17미터에 이를 정도로 거대해요. 처음 본 느낌이 어떤가요? 가느다랗고 긴 눈, 굳게 다문 입, 편평하고 네모난 얼굴과 우람한 몸…. 세련된 신라 불상과 비교하면 투박하기는 해도 무척 당당해 보이지요?

이 불상에는 오랫동안 전해 오는 이야기가 있어요. 고려 선종이 왕자가 없어서 걱정하고 있을 때, 셋째 부인의 꿈속에 승려 둘이 나타나 산에 가 보라고 했어요. 신하들이 산에 가 보니 큰 바위 두 개가 있었어요. 그 바위로 불상을 만들어 기도를 했더니 왕자가 태어났어요. 그 뒤부터 많은 사람들이 그곳에 찾아가 아기를 낳게 해 달라고 빌었대요.

고려 시대 초기에는 큰 돌부처들이 많았어요. 왕이나 지방의 호족들이 부처를 섬기고 자신들의 힘을 뽐내기 위해 너도 나도 큰 불상을 세웠기 때문이에요.

파주 용미리에 있는 돌부처
(파주 용미리 마애이불입상)

아기 하나만… 쌍둥이로 주세요.

고려의 북쪽 땅에서는 거란이 세운 요나라가 힘을 키워 갔고,
당나라가 멸망한 중국 땅에는 송나라가 세워졌어요.
고려는 요나라와 송나라 사이에서 균형을 이루며 나라를 발전시켰어요.
그뿐만 아니라 여러 차례 거듭된 거란의 침입을 잘 막아 내며
안정을 되찾았어요. 주변 나라와 활발하게 교류하면서 나라 살림을 늘리고,
고려의 큰 자랑인 아름다운 청자도 만들었답니다.
이 모든 일이 어떻게 이루어진 것인지 무척 궁금하지요?
거란을 물리치고 발전하는 고려를 찾아가 봅시다.

거란을 물리치고 발전하는 고려

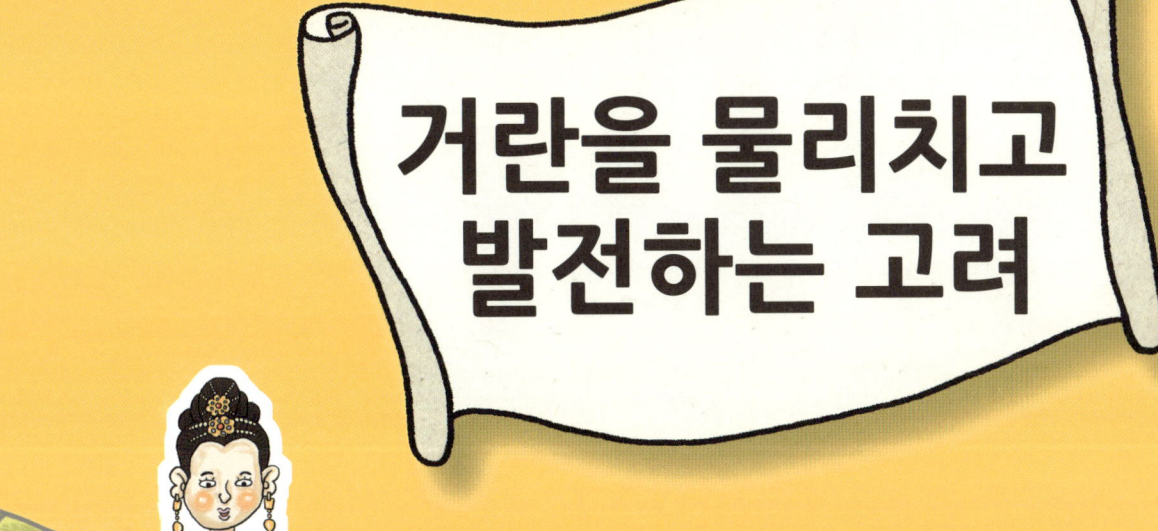

거란이 쳐들어왔어요

거란의 검은 속셈

거란은 당나라가 혼란스러운 틈에 나라의 힘을 키웠어요. 그들은 926년에 발해를 무너뜨리고, 중국 북쪽의 땅을 모두 차지했어요. 그리고 나라의 이름을 '요'라고 정했어요. 거란은 친하게 지내자는 뜻으로 고려에 낙타를 보냈어요. 하지만 왕건은 발해를 멸망시킨 거란의 제안을 단호히 거절했고, 거란에서 온 사신★들을 섬으로 귀양★ 보냈어요.

한편 당나라가 멸망한 뒤, 오랫동안 혼란에 빠져 있던 중국에 송나라가 세워졌어요. 고려와 송나라는 거란의 힘을 억누르기 위해 친하게 지냈어요. 송나라를 차지하고 싶었던 거란은 송나라가 고려와 잘 지내는 것이 마음에 걸렸어요. 그래서 고려가 송나라를 돕지 못하도록 고려를 먼저 공격하기로 했어요. 고려와 송나라 사이를 끊어 놓으려는 거란의 속셈이었어요.

★**사신** 임금이나 국가의 명령을 받고 나라를 대표해서 외국에 가는 신하예요.
★**귀양** 죄인을 먼 시골이나 섬으로 가서 살게 하는 형벌이에요.

거
(요나라)

거란을 물리치고 발전하는 고려

거란을 물리친 서희의 협상

993년에 거란군이 쳐들어왔어요.
"거란에서 이미 고구려의 옛 땅을 대부분 차지했으니, 지금 고려가 차지하고 있는 고구려의 옛 땅도 우리에게 내놓고 항복하라."
조정의 신하들은 전쟁을 피하기 위해 거란의 요구를 들어주자고 했어요. 하지만 서희는 땅을 주면 안 된다고 주장했고, 거란의 총사령관 소손녕을 찾아가 협상을 시작했어요.
"우리는 고구려를 잇는다는 뜻으로 나라의 이름도 고려라고 하였소. 거란이야말로 고구려의 옛 땅인 요동에 살고 있으니 오히려 우리에게 그 땅을 내놓아야 하지 않겠소?"
그러자 소손녕이 물었어요.
"고려는 왜 거란을 멀리하고 바다 건너 송나라를 섬기는 것이오?"
서희가 숨을 고르며 대답했어요.
"압록강 동쪽에 사는 여진이 길을 막고 있기 때문이오. 여진만 없어지면 송나라와 관계를 끊고 거란에 사신을 보낼 것이오. 그러니 우리가 여진을 물리칠 수 있도록 거란이 도와주시오."
서희의 논리적인 답변에 거란은 군대를 되돌렸어요. 그 뒤 서희는 여진을 몰아내고 강동 6주에 성을 쌓았어요. 서희의 뛰어난 협상으로 고려는 전쟁 없이도 넓은 영토를 얻었어요.

강감찬과 귀주 대첩

그러던 어느 날, 거란이 강동 6주를 돌려 달라고 했어요. 그곳이 군사적으로 중요한 지역이라는 사실을 뒤늦게 안 거예요. 고려가 거부하자, 1018년, 거란은 10만의 군사를 이끌고 다시 쳐들어왔어요. 이번에는 고려도 당하고 있지 않았어요. 흥화진 골짜기의 냇물을 쇠가죽으로 막았다가 거란군이 건널 때 터뜨렸어요. 거란군은 포기하지 않고 개경으로 향했지만 결국 추위와 굶주림에 지쳐 후퇴했어요. 강감찬이 이끄는 20만 고려군은 거란군을 귀주까지 추격했어요.

"바람의 방향이 거란군 쪽으로 바뀌었다. 활을 쏘아라!"

귀주에서 살아 돌아간 거란군은 몇 천 명밖에 안됐어요. 이 전쟁을 '귀주 대첩'이라고 해요.

천리장성을 쌓았어요

거란은 전쟁에서 크게 진 뒤 고려를 차지하고 싶은 의욕을 점점 잃었어요. 하지만 고려는 끝까지 경계를 늦추지 않았지요. 강감찬이 건의한 대로 개경의 도성 바깥에 성을 더 쌓았어요. 그뿐만이 아니에요. 거란과 여진의 침입에 대비하기 위해 압록강 끝에서 동해안의 영흥까지 국경을 따라 '천리장성'을 쌓았어요.

▲천리장성의 일부 모습

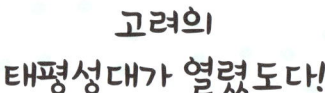

고려의 태평성대가 열렸도다!

이웃 나라와 교류하며 발전했어요

고려의 전성기가 시작됐어요

거란과의 긴 전쟁이 끝난 뒤 고려에도 평화가 찾아왔어요. 문종은 중국의 제도를 받아들여 고려에 맞게 고쳐 쓰고, 불교도 크게 발전시켰어요. 여진을 정벌하여 영토를 넓히기도 했지요. 학자들이 학교를 세워 제자들을 길러 내고 학문도 발전시켰어요. 드디어 고려의 전성기가 열린 거예요! 나라가 튼튼해지자 경제도 발전하여 벽란도에 여러 나라의 배들이 들어왔어요.

국제적인 무역항, 벽란도

벽란도는 예성강 근처에 있던 무역항이에요. 송나라와 일본뿐만 아니라, 동남아시아와 아라비아의 상인들도 이곳에 와서 물건을 사고팔았어요. 어떤 날에는 사신과 상인들을 잔뜩 태운 송나라 사절단의 배가 벽란도에 들어왔어요. 나라 밖에서 어떤 물건이 들어왔는지 궁금해서 우르르 몰려가는 고려의 상인들을 상상해 보세요.

수출도 하고, 수입도 하고

"비단은 얼마나 가져왔소?" 사람들이 물건을 사고파는 소리에 항구가 떠들썩했어요. 송나라의 비단, 차, 약재, 책 들은 고려 귀족들에게 인기 만점이었어요. 송나라 상인들은 고려 상인들에게 송나라 물건을 팔거나, 고려 인삼과 삼베를 잔뜩 사들였어요. 고려 상인들도 대박을 꿈꾸며 질 좋은 종이와 먹을 가득 싣고 송나라로 떠날 채비를 했답니다.

거란을 물리치고 발전하는 고려

세계로 뻗어 가는 코리아

벽란도가 무역의 중심지가 된 데에는 송나라도 한몫을 했어요. 이전부터 송나라는 여러 나라들과 교역이 활발하기로 유명했어요. 그 무렵 아라비아 상인들이 송나라에 갔다가 벽란도 얘기를 듣고 고려에 와 본 거예요. 고려는 아라비아 상인들을 통해 '코리아'라는 이름으로 서양에 널리 알려졌어요.

해동통보가 나왔어요

고려에서 비단을 사려면 무엇이 필요했을까요? 돈이오? 아니에요. 당시 사람들은 돈(화폐) 대신에 쌀이나 삼베를 주고 필요한 물건과 바꿨어요. 하지만 물건으로 물건을 사는 것은 여간 성가신 일이 아니었어요. 숙종은 백성들을 위해 구리 돈인 '해동통보'를 만들어 사용하게 했어요. 그런데 아직 상업이 발달하지 않은 고려에서 돈은 쓸 데가 별로 없었어요. 백성들 또한 돈의 필요성을 크게 느끼지 못해 여전히 돈 대신에 쌀과 삼베를 사용했지요. 이런 이유들 때문에 해동통보는 점차 사라졌어요.

거란을 물리치고 발전하는 고려

청자와 나전 칠기는 고려의 자랑

도공이 만든 고려청자

중국의 차와 푸른빛의 청자 찻잔이 벽란도를 통해 고려에 들어왔어요. 차를 좋아하는 귀족들은 멋진 찻잔을 갖고 싶었지만 너무 비싸서 엄두를 내지 못했지요. 고려의 도공들은 직접 청자를 만들기 시작했어요. 그들은 찻잔, 주전자, 꽃병 같은 생활용품은 물론이고 베개와 의자, 기와까지 청자로 만들어 냈어요.

★**도공** 그림을 그리거나 물건을 만드는 사람. 또는 그 기술을 말해요.

멋진 청자를 만들어 볼 테다!

청자 사자장식 주전자와 받침

청자 참외모양 꽃병

청자 모란구름학무늬 베개

청자 칠보무늬 향로

독창적인 고려의 상감 청자

고려청자의 은은하면서 맑고 푸른 빛깔은 청자를 처음 만든 중국에서도 '천하제일 비색'이라고 감탄할 정도였어요. 하지만 고려의 도공들은 거기에서 멈추지 않고 한 걸음 더 나아갔어요. 금속 공예와 나전 칠기에서 사용하던 상감 기법을 청자에 적용한 거예요. 상감은 무늬의 선을 따라 파낸 뒤 그 속에 흰색이나 붉은색 흙을 채워 무늬를 만드는 거예요. 청자에는 주로 학과 구름, 모란, 국화 무늬 등을 아로새겼어요. 상감 청자는 고려의 큰 자랑이 되었어요.

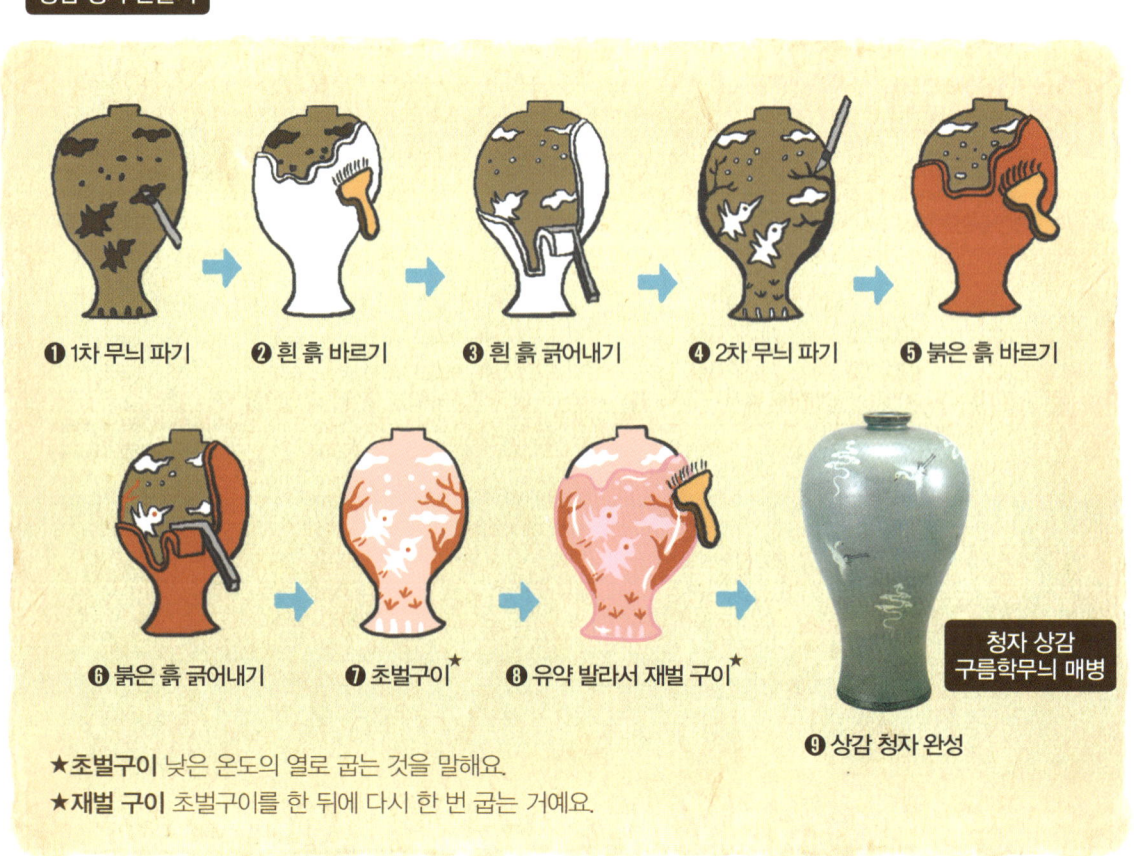

상감 청자 만들기

❶ 1차 무늬 파기 ❷ 흰 흙 바르기 ❸ 흰 흙 긁어내기 ❹ 2차 무늬 파기 ❺ 붉은 흙 바르기 ❻ 붉은 흙 긁어내기 ❼ 초벌구이★ ❽ 유약 발라서 재벌 구이★ ❾ 상감 청자 완성

청자 상감 구름학무늬 매병

★초벌구이 낮은 온도의 열로 굽는 것을 말해요.
★재벌 구이 초벌구이를 한 뒤에 다시 한 번 굽는 거예요.

나전 국화당초무늬 둥근 그릇의 뚜껑 부분

화려한 나전 칠기

국화꽃과 넝쿨이 영롱하게 피어나고 있는 나전 칠기를 좀 보세요.

화려하고 섬세한 고려의 나전 칠기는 귀족들의 사랑을 듬뿍 받았어요.

나전 칠기는 전복 껍질이나 조개껍질을 숫돌로 얇게 갈아서

여러 가지 모양으로 오려 붙여 장식하는 방법이에요.

그 위에 옻칠을 해서 오랫동안 보존할 수 있었어요.

★숫돌 칼이나 낫 같은 도구를 갈아 날을 세우는 데 쓰는 돌이에요.
★옻칠 가구나 나무 그릇 등이 윤기가 나도록 옻(옻나무에서 나는 진)을 바르는 일이에요.

고려에 대해 빠짐없이 기록하라!

배를 타고 송나라 항구를 떠나온 지 20여 일, 벽란도에 도착한 송나라 사신 서긍이 흐트러진 옷매무새를 가다듬었어요. 그는 떠나올 때 황제에게 받은 명령을 잠시 떠올려 보았어요.
"고려에 대한 모든 것을 알아 와 자세히 말하고 기록하라."
서긍은 개경에 머무는 동안 고려의 궁궐 모습, 부인들 옷차림, 다양한 풍습 등을 글과 그림으로 빠짐없이 기록했어요. 그리고 송나라로 다시 돌아가 그 기록을 바탕으로 〈선화봉사고려도경〉이란 책을 엮어 황제에게 바쳤지요.
서긍은 황제에게 "고려는 고구려를 계승한 나라이며, 성곽이 우뚝우뚝 서 있습니다. 절대 업신여길 수 없는 나라입니다."라고 말했어요.
〈선화봉사고려도경〉은 비록 중국 사신들이 기록한 책이지만, 우리네 자료에서 볼 수 없는 고려에 관한 정보가 많이 실려 있어요. 고려 사람들이 어떻게 살았는지 생생하게 알려 주는 귀중한 역사책이에요.

고려 사람들은 어떻게 살았나요?

구재 학당은 인기 사립 학교

구재 학당은 전국 최고의 과거 시험 합격률을 자랑하는 학교예요.
많은 학생들을 과거 시험에 합격시킨 비결은 무엇일까요?
우선 훌륭한 선생님인 최충과 과거 시험에 붙은 선배들이 학생들을
잘 가르쳤기 때문이에요. 여름이면 아예 산속으로 들어가 공부를 했어요.
그러니 구재 학당에 들어가고 싶은 학생들이 얼마나 많았겠어요?
나라에서는 성종 때부터 국자감이라는 학교를 세워 학생들을 가르쳤어요.
하지만 귀족들은 과거 합격률이 높은 사립 학교로 몰려들었지요.
구재 학당 같은 사립 학교가 개경에 열두 군데나 생기는 바람에
국자감의 인기가 점점 떨어졌어요.

거란을 물리치고 발전하는 고려

9시에 출근해서 5시에 퇴근하는 관리들

이자연은 문종 때 최고의 벼슬에 오른 문벌 귀족이에요. 실력도 있었지만, 세 딸을 모두 문종과 결혼시키면서 더 빠르게 출세했어요.

관리들은 보통 오전 9시에 출근해서 오후 5시에 퇴근해요. 그런데 오늘 이자연은 조금 일찍 출근해서 일을 빨리 끝내고 서둘러 퇴근했어요. 집에 송나라 사신들이 오기로 했기 때문이에요. 이자연을 따라가 볼까요?

대감마님, 오늘은 일찍 퇴근하시네요?

집에 송나라 사신이 와서 서둘러 가는 길이네.

귀족의 집으로 가 볼까요?

이자연의 하인들은 부지런히 손님 맞을 준비를 하고 있었어요.
오랫동안 벼슬을 해 온 가문이라 집이 넓고 으리으리해요.
집 안 곳곳에 값비싼 청자와 나전 칠기가 있고, 방 안 침대에는
고운 비단 이불이 깔려 있어요. 가을이라 숯과 나무로 불을 떼서
방 안의 공기도 따뜻하지요.

이자연의 부인은 얼마 전에 중국 상인에게 산 비단옷을 차려 입었어요.
특별한 손님이 오는 날이라 평소보다 신경을 썼지요. 옷에는 아름다운
무늬가 가득하고, 살짝만 움직여도 옷자락이 나풀거려 우아해 보였어요.
머리에는 다리★라는 가발을 넣어 위로 봉긋이 올리고,
화려한 금은 장신구를 꽂아 꾸몄어요.

★**다리** 여자들의 머리숱이 많아 보이라고 덧넣은 딴머리예요.

채식을 즐겨 먹었어요

이자연의 부인은 손님들에게 대접할 음식을 정성껏 준비했어요. 평소에는 불교의 가르침대로 채식을 하지만, 오늘은 송나라 사신들을 위해 특별히 고기 요리를 준비했어요. 갖가지 채소 요리를 비롯해 소금에 절인 김치와 장아찌도 상에 올렸지요. 귀한 재료를 넣어 만든 약밥과 떡, 유밀과 같은 과자에 귀한 포도까지 올리니 식탁이 더욱 풍성했어요.
식사를 마친 송나라 사신도 만족스러운 표정을 지었어요.

서민의 집으로 가 볼까요?

수동이네는 고려의 평범한 서민 가정이에요. 선반에 소박한 질그릇들이 놓여 있고, 방바닥을 따뜻하게 하기 위해 구들을 놓았어요. 아궁이 불로 밥을 짓는 동안 방바닥까지 데워지기 때문에 부족한 땔감을 아낄 수 있었거든요. 귀족들은 쌀밥을 먹고 쌀로 술도 빚었지만, 수동이네는 잡곡밥을 더 많이 먹었어요. 밥이 없을 때에는 산에서 도토리를 주워 와서 끓여 먹었어요.

★**구들** 흙바닥 아래에 편평한 돌을 깔고 아궁이에서 불을 때어 방바닥을 데우는 장치예요.

중미정 공사장 사내들의 눈물

수동이는 병든 아버지를 대신해 일을 나갔어요. 요즘은 '중미정'이라는 정자를 짓는 공사장에서 일을 하고 있어요. 점심시간이 되자 어떤 부인이 와서 점심을 나눠 주었어요. 모두들 신 나게 먹었지요. 그런데 부인의 사연을 들은 일꾼들이 이내 눈물을 흘리기 시작했어요. 그 부인은 어느 일꾼의 아내였어요. 그 일꾼은 밥을 싸 오지 못해 늘 사람들에게 얻어먹는 처지였지요. 그런데 그의 부인이 자신의 머리카락을 팔아서 음식을 싸 왔다지 뭐예요. 돈이 없어서 머리카락을 판 거예요.

나라에서는 성을 쌓거나 건물을 지을 때 백성들을 불러 모았어요. 하지만 일만 시키고 품삯을 주지 않았으며, 점심도 각자 준비해 오라고 했어요. 백성들은 농사를 지어 꼬박꼬박 세금을 내고 군대도 가야 하는 등, 하루하루 사는 게 너무 힘들었어요.

가시리 가시리잇고 나난/ 바리고 가시리잇고 나난/
위 증즐가 대평성대
날러는 엇디 살라 하고/ 바리고 가시리잇고 나난/
위 증즐가 대평성대

_고려 가요 〈가시리〉 중에서

고려 가요를 불러요

수동이는 얼마 전에 사랑하는 여자 친구와 헤어졌어요. 그래서 강가에 앉아 〈가시리〉라는 노래를 부르며 눈물을 삼켰지요. 고려 사람들은 노래를 좋아했어요. 서민들은 남녀 사이의 사랑과 이별의 감정을 〈쌍화점〉, 〈이상곡〉, 〈동동〉 같은 노래에 담아 솔직하게 표현했어요. 그 밖에도 〈청산별곡〉이나 〈관동별곡〉 등 다양한 노래를 불렀어요. 이 노래와 시들을 '고려 가요'라고 해요.

격구

수박

거란을 물리치고 발전하는 고려

운동 경기를 함께 즐겨요

마을에서는 씨름판이 자주 벌어졌어요. 몸이 튼튼한 수동이는 상대방을 배 높이까지 들어 올려 한 번에 넘어뜨리는 들배지기 기술로 씨름판의 스타가 되었어요. 사람들은 명절에 그네를 타거나, 씨름, 수박, 격구 등을 했어요. 맨손으로 겨루는 수박은 군사 훈련을 받기 위해 꼭 필요한 운동이었지요. 격구는 말을 타고 달리면서 막대기로 공을 치는 경기예요. 5월 단옷날에 궁궐에서 격구 시합이 열리기도 했어요.

여자들의 지위가 올라갔어요

처갓집에서 사는 남자

얼마 뒤 수동이는 연등회에서 만난 연이에게 반해 청혼을 했어요. 그는 연이와 결혼해 다른 사람들처럼 처갓집에서 살림을 차리고 알콩달콩 재미나게 살았어요. 장인과 장모는 수동이의 아이들을 잘 돌봐 주었어요. 수동이와 연이는 아이들이 어느 정도 자라자 따로 나가서 살림을 차리기로 했어요.

연이의 부모는 딸에게 재산을 나누어 주었어요. 농사지을 땅과 노비도 함께 주었어요. 연이는 부모에게 받은 땅과 노비를 문서에 꼼꼼하게 적어 두었어요. 혹시 수동이와 헤어지더라도 그 재산은 연이의 것이기 때문이에요.

★**처갓집** 결혼하기 전, 아내가 부모와 함께 살던 집이에요.

아들딸 차별이 없어요

고려 시대에는 아들딸의 차별이 없었어요. 재산을 공평하게 물려받고, 부모를 모시는 일이나 제사도 아들과 딸이 번갈아 맡았어요.
물론 여자는 관리가 될 수 없고 바깥 활동도 자유롭게 하지 못했어요.
하지만 자기 재산을 가질 수 있고 가정 안에서도 남자 못지않은 권리가 있었어요.
또한 여자들도 이혼이나 재혼을 할 수 있었어요. 남편을 잃고 혼자 사는 여자나 이혼한 여자가 왕비가 되는 경우도 있었고요.

고려장은 고려의 풍습이다?

한 남자가 늙은 어머니를 지게에 싣고 산으로 올라갔어요. 그가 어머니를 홀로 두고 산을 내려가자 어린 아들이 지게를 챙겼어요. 아버지가 이유를 묻자 아들이 말했어요.
"나중에 이 지게에 아버지를 싣고 와서 버려야 하니까요."
남자는 아들의 말을 듣고 자신의 잘못을 뉘우쳤어요. 그래서 다시 어머니를 모시고 집으로 돌아갔어요.

아마 이 이야기를 들어 본 친구들도 있을 거예요. '고려장'은 늙은 부모를 산속에 갖다 버리는 고려의 장례 풍습이라고 알려져 있어요. 고려장이 진짜 고려의 풍습이었을까요? 정답은 "땡!" 오히려 고려에서는 불효하는 자식들에게 엄한 벌을 내렸어요. 부모를 제대로 모시지 않으면 2년 동안 감옥에서 살아야 했지요.

그럼 왜 고려장이 고려의 풍습이라고 알려졌을까요? 일제 강점기에 출판된 동화에 나오는 고려장 이야기가 퍼지면서 사실처럼 전해진 거예요. 불경의 〈기로국 이야기〉나 중국의 〈효자전〉 등에서 설화처럼 전해질 뿐 우리나라 역사 자료에는 고려장에 대한 기록이 없어요.

나라 안팎으로 흔들리는 고려

윤관이 여진을 정벌했어요

문벌 귀족들이 잘 먹고 잘 사는 동안, 나라 밖에서는 고려를 섬기던 여진족들이 힘을 키우고 있었어요. 왕은 윤관에게 여진을 치라고 명령했지만 실패하고 말았어요. 윤관은 말을 잘 타는 여진을 이기기 위해 군대를 새롭게 꾸렸어요. 그 군대는 말을 타고 싸우는 특별 부대인 '별무반'이에요. 윤관은 별무반을 이끌고 여진을 당당히 몰아내고 영토를 넓혔어요.

거란을 물리치고 발전하는 고려

그리고 고려를 지키기 위해 여진이 살던 지역에 아홉 개의 성(동북 9성)을 쌓았어요. 그는 남쪽 지방에 사는 백성들을 그 지역에 와서 살도록 했어요. 그 뒤로도 여진은 끊임없이 고려를 공격해 왔어요. 그러더니 고려에 충성을 맹세하며 자신들이 빼앗긴 땅을 돌려 달라고 했어요. 고려는 여진의 끈질긴 공격에 지쳐 결국 동북 9성을 내주었지요. 여진은 얼마 뒤에 힘을 키워서 금나라를 세웠어요. 금나라는 거란을 멸망시키고 점점 강대국으로 성장하더니 고려에게 요구했어요.
"고려는 금나라를 섬겨라."

반란을 일으킨 이자겸

이자겸은 이자연의 손자예요. 이자연처럼 두 딸을 어린 왕(인종)과 결혼시키고, 정치를 쥐락펴락했던 사람이지요. 그는 어른이 된 인종이 자신을 없애려 하자 반란을 일으켰어요. 무신 척준경과 함께 궁궐을 불태우고 인종을 자신의 집에 가둔 거예요. 또 그 일을 핑계로 금나라가 쳐들어올까 봐, 자신들을 섬기라는 금나라의 요구를 받아들였어요.

★**인종** 고려의 제17대 왕이에요.

거란을 물리치고 발전하는 고려

한편, 인종은 이자겸과 척준경의 사이가 나빠진 틈을 타서 척준경을 이용해 이자겸을 내몰고 반란군을 물리쳤어요. 간신히 왕위를 지키기는 했지만 왕의 권위는 이미 땅에 떨어진 상태였지요. 정치는 더욱 어지러워졌어요. 금나라를 섬기는 문제를 놓고 찬성파인 개경 문벌 귀족과 반대파인 서경 출신의 관리들이 서로 으르렁대며 맞섰어요.

도읍지를 옮기려는 묘청

서경 출신의 승려인 묘청이 주장했어요. "개경은 기운이 다했다. 땅의 기운이 왕성한 서경으로 도읍지를 옮기면 금나라가 항복할 것이다." 서경 출신의 관리들은 묘청의 생각이 옳다고 생각했어요. 이 말에 솔깃해진 인종도 서경에 궁궐을 지으라고 명령했어요. 그러나 김부식을 포함한 개경 귀족들이 반대했어요. 강한 금나라에 맞서는 것보다 그들을 섬기는 것이 유리하다고 생각했기 때문이에요. 또한 서경으로 도읍지를 옮기면 자신들의 힘이 약해질까 봐 두렵기도 했어요.

거란을 물리치고 발전하는 고려

그런데 새로 지은 궁궐에 벼락이 떨어지고, 인종이 새 궁궐에 가다가
말에서 떨어지는 등 나쁜 일들이 잇따라 일어났어요.
인종은 도읍지를 옮기려는 계획을 포기해 버렸어요. 그러자 묘청이
서경에 나라를 세우고 반란을 일으켰어요. 반란군은 김부식이 이끄는
군대의 공격에 맞서 1년 동안 버텼지만 결국 항복했어요.
개경 귀족들과 금나라에 맞설 수 있는 힘을 기르고 싶었던
묘청과 서경 사람들의 기대도 무너졌어요.

거란과의 전쟁을 끝으로 200여 년 동안 평화롭던 고려에 위기가 닥쳤어요.
나라 안에서는 오랫동안 무시당했던 무신들이 들고일어나
문신들을 내쫓고 권력을 차지했어요. 차별을 당하며
힘들게 살던 백성들도 곳곳에서 반란을 일으켰지요.
나라 밖에서도 큰 시련이 찾아왔어요. 세계를 무대로 큰 제국을
이룬 몽골이 이제 고려를 넘보기 시작한 거예요.
고려의 무신 정권이 **몽골의 침략**을 막아 냈을까요?
자, 차별받던 고려 사람들이 역사의 주인공으로 우뚝 서는
그 시간 속으로 함께 떠나 봅시다.

무신들이 권력을 잡았어요

차별을 당하는 무신들

무신은 군대와 관련된 일을 하는 신하예요. 그런데 고려에서는 무신들이 제대로 대접을 받지 못했어요. 전쟁터에 나가 싸우는 사람은 무신들인데, 그 군대를 이끄는 총사령관은 문신이 맡았지요. 거란을 물리친 서희와 강감찬도 문신이었어요. 문신들은 무술 실력만으로 뽑힌 무신들을 깔보았고, 무신들은 차별을 당하며 앙갚음할 날만 기다렸어요.
새 임금이 된 의종은 나랏일은 돌보지 않고 놀기만 했어요. 어느 날, 의종이 술자리에서 무술 시합을 열었어요. 나이 많은 대장군 이소응이 젊은 무신과 겨루었는데 이소응이 진 거예요. 그러자 한 문신이 이소응의 뺨을 때리며 한심하다고 비웃었어요. 이를 지켜보던 무신들은 더 이상 참을 수가 없었어요. 그들이 분노에 찬 목소리로 말했어요. "문신들을 모조리 죽여라!" 무신들은 수많은 문신들을 죽이고 왕도 내쫓았어요.

무신 정권의 우두머리 최씨 집안

이윽고 무신들의 시대가 열렸어요. 무신들은 권력을 차지하기 위해 서로 죽고 죽이며 싸웠어요. 그 결과 이의방, 정중부, 경대승이 차례로 최고 벼슬에 올랐어요. 하지만 오래가지 못했지요. 경대승이 병으로 죽은 뒤에 천민 출신인 이의민이 권력을 잡았지만, 얼마 지나지 않아 최충헌의 손에 죽고 말았어요.

무신 정권과 몽골의 침략

최충헌은 곧 무신 정권★의 우두머리가 되었어요. 그는 왕처럼 명령을 내리고 신하들을 감시하면서 나라를 제 마음대로 다스렸어요.
최충헌이 죽고 난 뒤에도 최우, 최항, 최의가 대를 이으며 60여 년 동안 막강한 권력을 휘둘렀어요. 왕들은 허수아비나 마찬가지였어요.
최씨 집안사람의 마음에 들지 않으면 왕위에서 내려와야 했거든요.

★**무신 정권** 무신들이 나라의 권력을 잡았다는 뜻이에요.

백성의 아픔을 노래한 이규보

나는 이규보라고 해요. 내 입으로 말하기 쑥스럽지만, 나는 어려서부터 시를 잘 지어 천재 소년으로 불렸답니다. 스물세 살에 과거 시험에 합격했는데, 당시는 무신들이 권력을 잡고 있어서 벼슬길로 나가기 어려웠어요. 그래서 문신들 대부분이 고향으로 내려가 숨어서 살았지요. 문신인 나는 고구려의 주몽 이야기(동명왕편)를 시로 쓰면서 때가 오기를 기다렸어요. 얼마 뒤 드디어 기회가 왔어요! 최충헌이 문신을 새로 뽑기 시작한 거예요. 그분은 내 글재주를 높이 평가해 주었어요. 나는 외교 문서를 만드는 일을 맡아 높은 벼슬까지 올랐어요. 사람들은 내가 최씨 집안에 아부한다고 숙덕거렸어요. 물론 출세도 하고 싶었지요. 하지만 무신 정권 아래서 가난으로 고통을 받는 백성들을 보면 마음이 아팠어요. 그래서 불쌍한 백성들의 모습을 시로 쓴 거예요. 권력을 가진 자들이 내 시를 읽고 백성들의 고통을 이해한다면 얼마나 좋을까요?

> 고랑에 엎드려 비 맞으며 김매니
> 거칠고 검은 얼굴 어찌 사람이리
> 왕손 공자들아 업신여기지 마라
> 부귀호사가 우리 손에 달렸나니

차별에 분노하며 일어선 백성들

욕심을 채우는 무신들

백성들은 무신들이 반란을 일으켰을 때, 좋은 세상이 올 거라고 기대했어요. 그동안 문벌 귀족들에게 시달려 살기가 힘들었기 때문이에요. 하지만 기대가 크면 실망도 큰 법! 사실 무신들은 백성들의 고통에는 관심이 없었어요. 많은 곡식과 특산물을 세금으로 거둬들여 자신들의 욕심을 채우기에 바빴지요. 백성들은 생활이 더욱 어려워졌지만 무신들이 무서워서 숨죽여 살았어요.

백성들이 반란을 일으켰어요

"우리는 더 이상 차별을 참을 수 없다!"
숯을 만들던 공주 명학소 사람들이 망이·망소이 형제를
앞세워 반란을 일으켰어요.
반란군들이 공주 지역을 순식간에 점령하자, 나라에서
그들을 달래려고 명학소를 충순현으로 올려 주었어요.
차별받던 지역인 '소'에서 일반 행정 구역인 '현*'으로 마을의 지위를
높여 준 거예요. 하지만 그건 속임수였어요. 반란군들이 안심하고 집으로
돌아가는 동안 나라에서 그의 가족들을 잡아갔어요. 명학소 사람들이 그
사실을 알고 다시 힘을 모아 보았지만 그들의 힘은 이미 약해진 뒤였어요.

명학소 사람들은 왜 반란을 일으켰을까요? 향·소·부곡 마을에 대한
차별이 심했기 때문이에요. 특히 '소'에 사는 사람들은 농사는 농사대로
짓고 종이, 먹, 도자기, 금은 같은 특산물까지 바쳐야 했기 때문에
하루도 편히 쉴 수가 없었어요. 그래서 백성들이 끊임없이 반란을
일으키며 나쁜 관리들과 맞서 싸운 거예요. 그 덕분에 고려 후기부터
향·소·부곡 마을이 점점 줄어들었어요.

★**현** 지방의 행정 구역 중 하나예요.

노비 만적의 외침

어느 날, 최충헌의 집에서 일하는 노비 만적이 외쳤어요.
"우리는 왜 매를 맞으며 평생 뼈 빠지게
일만 해야 합니까? 재상이나 장군이 될 사람은
태어날 때부터 정해져 있답니까?"
만적은 자신과 생각이 같은 노비들을 모아
반란을 꾀했어요. 하지만 계획은 곧 들통 났어요.
노비 중에 한 사람이 겁을 먹고 자신의 주인에게
일러바친 거예요. 만적의 계획을 알게 된
최충헌은 분노를 참지 못하고 만적과
백여 명의 노비들을 꽁꽁 묶어
강물에 던지라고 했어요.

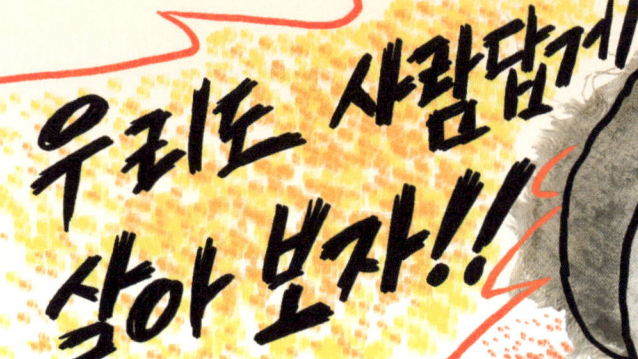

우리도 사람답게 살아 보자!!

무신 정권과 몽골의 침략

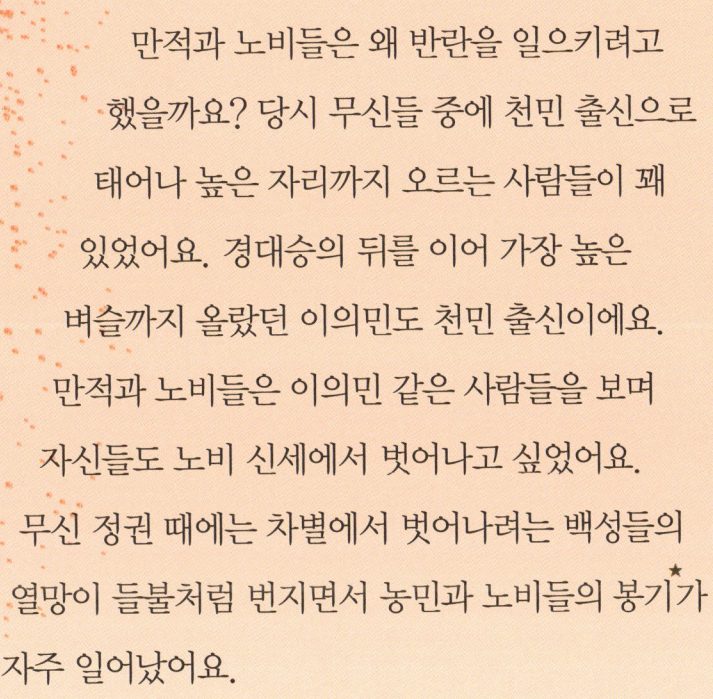

만적과 노비들은 왜 반란을 일으키려고 했을까요? 당시 무신들 중에 천민 출신으로 태어나 높은 자리까지 오르는 사람들이 꽤 있었어요. 경대승의 뒤를 이어 가장 높은 벼슬까지 올랐던 이의민도 천민 출신이에요. 만적과 노비들은 이의민 같은 사람들을 보며 자신들도 노비 신세에서 벗어나고 싶었어요. 무신 정권 때에는 차별에서 벗어나려는 백성들의 열망이 들불처럼 번지면서 농민과 노비들의 봉기가 자주 일어났어요.

★**봉기** 많은 사람들이 모여 자신들의 생각을 주장하는 거예요.

세계 최강 몽골이 쳐들어왔어요

몽골군이 몰려오고 있어요

최씨 무신 정권이 차츰 안정될 무렵이었어요. 중국 북쪽에서 테무친이 몽골의 여러 부족을 통일하고 스스로를 칭기즈 칸이라고 불렀어요. 칭기즈 칸은 '황제 중의 황제'라는 뜻이에요. 원래 초원에서 말과 양을 기르며 살던 몽골은 기병★을 앞세워 순식간에 세계를 정복했어요. 가까운 금나라를 시작으로 중국과 유럽의 일부 지역까지 휩쓸었지요.

★기병 적이 예측할 수 없는 방법으로 공격하는 부대예요.

무신 정권과 몽골의 침략

몽골 군사들은 날쌔고 용맹했지만 너무나 잔인했어요. 저항하는 사람들을 닥치는 대로 죽여서 몽골군이 지나가고 나면 마을이 통째로 사라질 정도였지요. 사람들은 '몽골군'이라는 이름만 들어도 벌벌 떨며 도망치거나 항복했어요. 1231년에 그 무시무시한 몽골 군대가 고려에 쳐들어왔어요.

강화도로 도읍지를 옮겼어요

고려 사람들은 몽골군이 침략했다는 소식을 듣고 무척 두려웠어요. 하지만 귀주성에 있던 고려군들은 있는 힘을 다해 성을 지켰지요. 몽골의 한 장수가 "우리 공격에 굴하지 않는 군사들은 처음 보았다."고 하며 혀를 내두를 정도였어요. 이윽고 몽골군은 귀주를 포기하고 남쪽으로 내려가 개경을 에워쌌어요. 몽골에서 충주와 청주까지 공격하자, 고려는 그들에게 선물을 바치며 화해를 청했어요.

몽골군이 물러나자, 최고 권력자인 최우가 강화도로 도읍지를 옮기자고 했어요. 몽골군이 공격하기 어려운 섬으로 들어가서 계속 전쟁할 준비를 하겠다는 뜻이었어요. 그래야 자신의 권력도 지킬 수 있으니까요. 고종★과 신하들이 반대했지만 최우의 뜻을 꺾을 수는 없었어요. 장맛비가 주룩주룩 내리던 날, 개경 사람들은 고향을 버리고 강화도로 떠나야 했어요. 왕도 함께……

★**고종** 고려의 제23대 왕이에요.

나라를 지킨 백성들

고종이 강화도로 옮겨 가자, 몽골은 그것을 핑계 삼아 더욱 거세게 고려를 공격했어요. 하지만 무신 정권 사람들은 바다 건너 강화도에서 호화롭고 편안하게 살았어요. 최고 권력자 최우는 육지에 남아 있는 백성들에게 "몽골이 쳐들어오면 산성이나 섬으로 피하라."라고 말했을 뿐이에요. 개경을 지키던 군대도 대부분 강화도로 떠난 상황에서 육지에 남겨진 백성들은 어떻게 됐을까요?

무신 정권과 몽골의 침략

"와와…… 와!" 처인성*을 지키던 사람들이 함성을 내질렀어요.
무슨 일이 일어난 것일까요? 처인부곡 사람들이 승려 김윤후를 중심으로 똘똘 뭉쳐 몽골군과 싸우던 중에 몽골군의 대장인 살리타가 화살에 맞아 쓰러진 거예요.
몽골군들은 대장이 죽자 깜짝 놀라 황급히 도망쳤어요. 몽골군을 물리친 처인부곡 사람들이 서로 부둥켜안고 눈물을 흘리며 기뻐했어요.

★**처인성** 처인부곡(지금의 경기도 용인)에 있는 성이에요.

김윤후는 몽골군을 물리친 공로를 인정받아 무신이 되었어요. 얼마 뒤 몽골군이 다시 쳐들어오자, 그는 70일 동안 포위된 채 충주성을 지켰어요. 그리고 식량이 다 떨어지자 노비 문서를 불태우며 "있는 힘을 다해 싸우면 벼슬을 내리겠다. 이제 너희는 노비가 아니다." 하고 외쳤어요. 그 말을 들은 사람들이 죽음을 각오하고 자신과 가족을 지키기 위해 몽골군과 용감히 싸웠어요. 처인부곡 사람들과 충주성 노비처럼 천대받던 백성들이 나라를 지킨 진짜 영웅이에요.

너희는 이제 노비가 아니다!

무신 정권과 몽골의 침략

30년 전쟁이 끝났어요

몽골은 약 30년 동안 여섯 차례나 침략했지만 결국 고려를 정복하지 못했어요. 고려 백성들이 끈질기게 저항했기 때문이에요. 그 사이 고려 백성들은 말할 수 없는 고통 속에서 살았어요. 마을은 잿더미로 변했고, 끌려가거나 죽은 사람의 수가 헤아릴 수 없이 많았지요. 결국 고려는 태자를 몽골의 황제에게 보내면서 몇 가지 조건을 걸고 화해를 청했어요. 마침 동생과 황제 자리를 두고 다툼을 벌이던 쿠빌라이가 크게 기뻐하며 그 제안을 받아들였어요.

★**쿠빌라이** 칭기즈 칸의 손자예요. 동생과 치열한 다툼을 벌인 끝에 황제의 자리에 올랐어요.

몽골에 맞서 싸운 삼별초 항쟁

그로부터 10여 년 뒤(1270년), 원종은 힘이 약해진 무신 정권의 우두머리를 없애고 개경으로 돌아갔어요. 100년에 걸친 무신 정권이 마침내 막을 내린 거예요. 왕은 무신 정권의 군대였던 삼별초에게 해산하고 개경으로 돌아오라고 명령했어요. 하지만 삼별초는 몽골에게 항복한 고려 조정에 반대하며 왕의 명령을 따르지 않았어요.

"우리는 그동안 몽골에 맞서 싸웠소. 그들이 우리를 가만둘 것 같소? 그러니 몽골에 맞서 끝까지 싸워야 합니다"

무신 정권과 몽골의 침략

삼별초는 배중손을 중심으로 똘똘 뭉쳤어요. 그들은 왕족 중에 한 사람을 새로운 왕으로 세우고 강화도를 떠나 진도로 가서 힘을 키웠어요. 그리고 한때는 나주, 전주를 비롯해 남해, 거제, 동래까지 점령했어요. 몽골군은 고려군과 힘을 합해 삼별초를 공격했어요. 삼별초의 남은 무리들은 탐라로 들어가 계속 싸웠지만 얼마 버티지 못했어요. 하지만 몽골의 지배를 거부한 삼별초의 저항 정신만큼은 사람들의 가슴속에 오래오래 남았어요.

★**탐라** 제주도의 옛 이름이에요. 원래 독립된 왕국이었는데, 숙종 때 고려 땅이 되었어요.

가족을 찾으러 몽골에 갔어요

"어머니, 이제야 찾아온 불효자를 용서하세요. 흐흐흐흑."
"내 아들아, 다시는 너를 못 볼 줄 알았는데……."
이곳은 몽골 땅, 김천과 늙은 어머니가 부둥켜안고 울고 있어요.
그들은 무슨 사연으로 울고 있는 것일까요?
김천이 20년 전에 몽골군에게 끌려간 어머니와 동생을 찾으러 온 거예요.
김천은 노비로 살고 있는 어머니를 보자 가슴이 미어져 눈물이 쏟아졌어요.
그는 주인에게 사정사정해서 은 55냥을 주고 어머니를 고향으로
데리고 갔어요. 그리고 6년 동안 더 부지런히 돈을 모아 은 86냥을 주고
동생을 고려로 데리고 갔어요.

약 30년 동안 전쟁을 치르는 동안 몽골로 끌려간 고려 사람의 수는
20만 명이 넘었어요. 이들 대부분이 노비로 팔려 갔어요. 김천처럼
가족이 고려로 데리고 오는 경우도 있었지만, 많은 사람들이 힘든 종살이를
하다가 낯선 몽골 땅에서 눈을 감았답니다.

우리 형님도 몽골로 끌려갔는데…

무신 정권과 몽골의 침략

어머니……

아들아…

우리 아버지는 아직 몽골에 계시는데…

105

나라를 지키는 팔만대장경

고려는 전쟁으로 인해 많은 것을 잃어버렸어요. 특히 신라 때 세워진 황룡사 9층 목탑, 거란의 침입을 물리치기 위해 만든 대장경 같은 보물이 불에 탄 것은 나라의 큰 손해였지요. 나라에서는 몽골의 침략에 맞서려면 부처의 도움이 필요하다고 생각했어요. 그래서 대장경을 다시 만들기로 했어요. 고려 사람들 모두 한마음으로 대장경 만드는 일에 참여했어요.

▲ 해인사 장경판전 전경

무신 정권과 몽골의 침략

대장경은 경판만 8만 장이 넘어 '팔만대장경'이라고 불러요. 글자 하나를 새길 때마다 한 번씩 절을 하는 정성을 들여 완성까지 무려 16년이나 걸렸지요. 팔만대장경은 글씨체가 아름다울 뿐만 아니라, 내용이 정확하고 틀린 글자도 거의 없어서 고려 사람들의 뛰어난 솜씨를 세상에 알려 준 뛰어난 문화유산이에요. 현재 합천 해인사에 잘 보존되어 있어요.

▲ 팔만대장경판 보관 모습

팔만대장경판

우아~

얘들아, 팔만대장경은 '유네스코 세계 기록 유산'이란다.

백성들에게 힘을 준 〈삼국유사〉

고려가 몽골에 맞서 싸우는 동안, 승려 일연은 고려 백성들에게 힘을 줄 수 있는 역사책을 써야겠다고 마음먹었어요. 백 년 전에 만들어진 역사책 〈삼국사기〉에는 고구려, 신라, 백제의 역사와 정치만 담겨 있어서 좀 더 다양한 이야기를 세상에 알리고 싶었기 때문이에요. 일연은 신화와 전설 등 여러 이야기들을 모아 고조선부터 삼국까지의 역사를 담은 〈삼국유사〉를 펴냈어요.

〈삼국사기〉 VS 〈삼국유사〉

<mark>〈삼국사기〉와 〈삼국유사〉는 고려 시대에 쓰인 삼국 시대의 역사책이에요. 〈삼국사기〉는 김부식이 왕의 명령으로 펴낸 책이에요.</mark> 묘청의 반란을 진압한 김부식을 기억하나요? <mark>유학자였던 김부식은 '믿을 수 없는 일은 기록하지 않는다.'라는 생각으로 주로 왕과 정치 이야기를 썼어요.</mark>
이 책에는 중국을 최고로 생각하는 당시 유학자들의 생각이 드러나 있어요.
승려 일연이 쓴 〈삼국유사〉는 〈삼국사기〉보다 130여 년 늦게 펴낸 책이에요. 이 책에서는 몽골의 오랜 침략에 맞서 민족의 자부심을 되찾고 싶은 마음이 담겨 있어요. 그래서 삼국의 역사뿐만 아니라 고조선, 부여, 삼한, 가야 등 여러 나라의 역사를 다루었지요. 또 처음으로 단군 신화를 실어 고조선이 중국과 비슷한 시기에 세워졌다는 역사를 밝혀냈어요.
<mark>〈삼국유사〉에는 불교 이야기, 신화나 전설 같은 신기한 이야기들이 많이 실려 있어요. 우리가 재미있게 보고 들은 '바보 온달과 평강 공주', '에밀레종', '김대성이 불국사와 석굴암을 지은 이야기' 등 모두가 〈삼국유사〉 속 이야기예요.</mark>

고려 시대의 병원과 약국

왕들의 평균 수명이 늘어났어요

고려 후기의 왕들은 보통 50세까지 살았어요. 이전의 왕들보다 10년 정도 더 오래 산 거예요. 그 이유는 무엇일까요?
이전까지 고려는 주로 중국에서 의학 책과 약을 사다 썼기 때문에 값이 꽤 비쌌어요. 그런데 우리 땅에서 자라는 약재로 병을 다스리는 방법을 적은 〈향약구급방〉이 나오면서 사정이 달라졌어요. 주변에서 약재를 쉽게 구할 수 있게 된 거예요. 고려의 왕들이 오래 살게 된 것도 〈향약구급방〉 덕분이 아닐까요?

무신 정권과 몽골의 침략

가난한 백성을 치료한 배덕표

나라에서는 아픈 백성들을 위해 개경에 혜민국, 지방에 약점(약국)을 두어 병을 치료하도록 했어요. 하지만 그 수가 적어서 가난한 백성들이 병원에 가는 것은 하늘에 별 따기 만큼 힘든 일이었지요.

공민왕 때 사람인 배덕표는 백성들을 위해 의술을 베풀었어요. 나랏일에서 물러난 뒤 작은 집을 짓고 살면서 동네에 아픈 사람이 있으면 직접 캔 약초로 병을 치료해 주었지요. 또 흉년이 들면 굶주리는 사람들에게 곡식을 나누어 주기도 했어요.

★**혜민국** 고려 시대에 가난한 백성들을 치료해 주던 곳이에요.

111

여러분은 기분이 좋을 때나 울적할 때 어떤 노래를 듣나요? 옛날 사람들도 마음을 달래기 위해 노래를 부르곤 했어요. 고려 때 지어진 시와 노래를 감상하며 우리도 시를 지어 봅시다.

가시리

가시리 가시리잇고 나난,
바리고 가시리잇고 나난
위 증즐가 대평성대
날러는 엇디 살라 하고,
바리고 가시리잇고 나난
위 증즐가 대평성대

_이하 생략

가십니까 가십니까
날 버리고 가십니까
위 증즐가 대평성대(후렴구)
날더러 어찌 살라고
버리고 가십니까
위 증즐가 대평성대

청산별곡

살어리 살어리랏다.
청산(靑山)애 살어리랏다.
멀위랑 다래랑 먹고
청산(靑山)애 살어리랏다.
얄리얄리 얄랑셩 얄라리 얄라

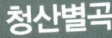_이하 생략

살고 싶구나 살고 싶구나
청산에 살고 싶구나
머루와 다래를 먹으면서
청산에 살고 싶구나
얄리얄리 얄랑셩 얄라리 얄라(후렴구)

이규보 〈동국이상국집〉 중에서

고랑에 엎드려 비 맞으며 김매니
거칠고 검은 얼굴 어찌 사람이리
왕손 공자들아 업신여기지 마라
부귀호사가 우리 손에 달렸나니

햇곡식 푸르러 채 익기 전에
관리며 서리들 세금을 매기도다
애써 지은 마음은 나라 위함이거늘
어찌하여 우리네들 살까지 벗기느냐

- 고려 사람들이 지어 부른 시를 잘 감상했나요?
  시는 운율을 살려 자신의 느낌을 쓰는 글이에요. 시에 곡을 붙이면 노래가 되는 것이고요. 자, 마음을 활짝 열고 여러분의 마음을 시나 노래로 표현해 보세요.

원나라와 평화로운 관계를 맺게 된 고려에 큰 변화의 바람이
불기 시작했어요. 또한 원나라와 교류가 잦아지면서
원나라 풍습이 고려 사람들 사이에서 유행했어요.
그러나 고려 사람들은 **원나라의 끊임없는 간섭**을 받으며
힘든 일을 많이 겪게 되었어요.
원나라와의 교류는 과연 고려에 어떤 영향을 끼쳤을까요?
원나라의 간섭으로 **시련을 겪는 고려**에 대해 알아보아요.

원나라의 간섭과 고려에 닥친 시련

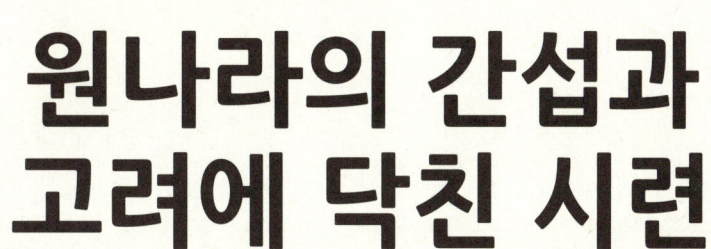

원나라의 간섭에 시달렸어요

원나라 공주를 왕비로 맞았어요

몽골은 고려와의 긴 전쟁 끝에 강화를 맺고, 나라의 이름을 '원'으로 바꾸었어요. 그러고는 고려의 일에 일일이 간섭했어요. 우선 고려의 세자를 원나라 황실에 잡아 놓았어요. 그러자 고려에서 세자와 원나라 공주의 결혼을 서둘렀어요. 원나라의 사위가 되면 그들과 잘 지낼 수 있기 때문이에요. 원나라도 결혼을 빌미로 고려를 마음대로 움직일 생각으로 찬성했어요. 충렬왕이 처음 제국대장공주와 결혼한 뒤로, 다섯 명의 고려 왕들이 원나라 공주를 왕비로 맞았어요.

★강화 전쟁을 그만하고 서로 화해하는 것을 말해요.
★제국대장공주 원나라 세조의 딸로, 충렬왕과 결혼했어요. 이것이 고려와 원나라 왕족 사이에 이뤄진 최초의 결혼이에요.

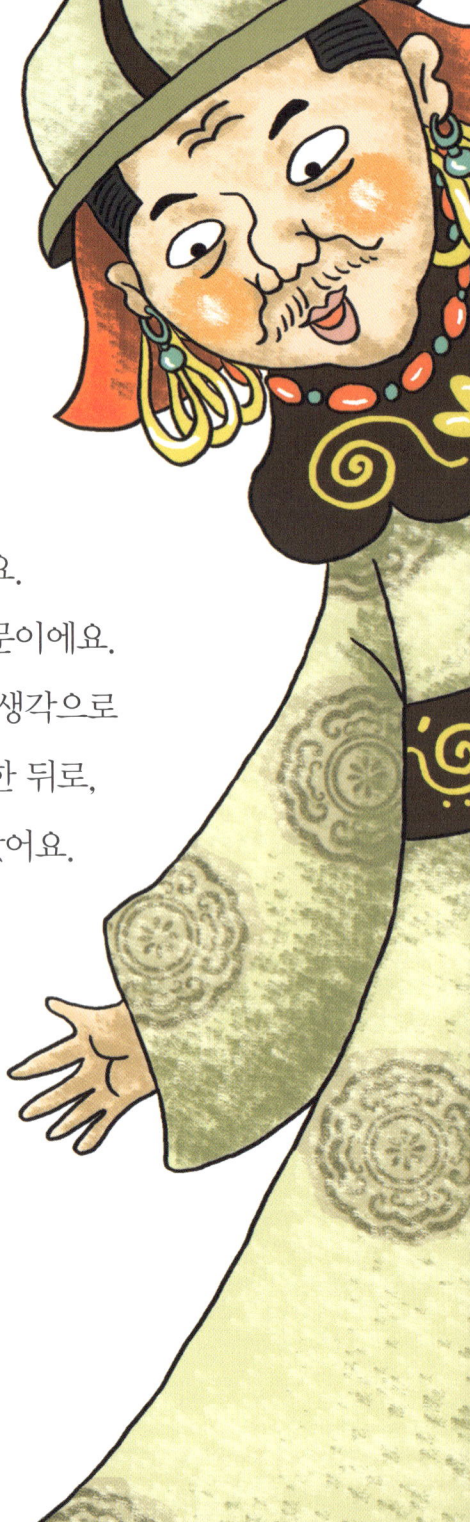

내 사위는 고려의 왕이라네~

원나라에 충성을 다하라

원나라의 간섭은 계속 이어졌어요. 그들은 '원나라에 충성을 다하라.'라는 뜻으로 고려 왕의 이름에 '충' 자를 넣으라고 했어요. 충렬왕, 충선왕, 충숙왕처럼 말이에요.

원나라는 자기네 마음에 들지 않으면 고려 왕들을 쫓아내기도 했어요. 충선왕은 왕에서 물러난 뒤 멀고 먼 티베트까지 유배되기도 했답니다. 원나라 공주들도 걸핏하면 고려의 일을 자기네 나라에 알려 왕을 난처하게 만들었어요. 이렇듯 고려의 왕들은 원나라의 눈치를 보며 나라를 다스려야 했답니다.

★**유배** 죄인을 먼 시골이나 섬으로 보내 그곳에서만 살게 하는 형벌이에요.

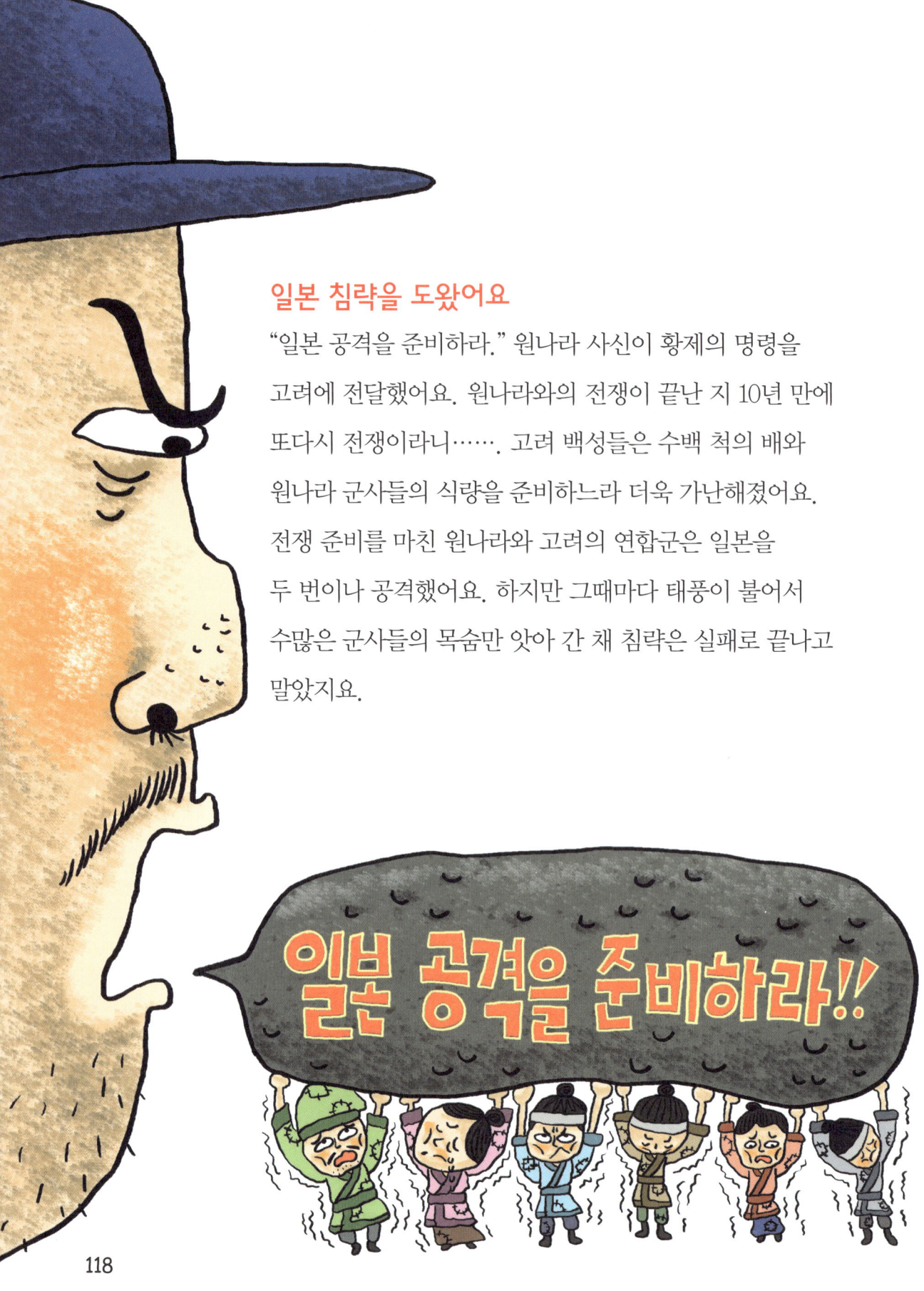

일본 침략을 도왔어요

"일본 공격을 준비하라." 원나라 사신이 황제의 명령을 고려에 전달했어요. 원나라와의 전쟁이 끝난 지 10년 만에 또다시 전쟁이라니……. 고려 백성들은 수백 척의 배와 원나라 군사들의 식량을 준비하느라 더욱 가난해졌어요. 전쟁 준비를 마친 원나라와 고려의 연합군은 일본을 두 번이나 공격했어요. 하지만 그때마다 태풍이 불어서 수많은 군사들의 목숨만 앗아 간 채 침략은 실패로 끝나고 말았지요.

원나라의 간섭과 고려에 닥친 시련

원나라에 매를 바쳐라

원나라는 인삼, 청자, 금은, 사냥매 등을 바치라고 고려에 요구했어요. 매를 왜 바치라고 했느냐고요? 사냥을 좋아하는 원나라의 황제들이 영리하고 날렵한 고려의 사냥매를 좋아했기 때문이에요. 고려 왕실은 원나라에 보낼 매를 잡아 훈련시키는 기관인 '응방'을 따로 만들었어요. 그런데 응방에서 일하는 사람들이 원나라의 힘만 믿고 나쁜 짓을 많이 저질렀어요. 백성들은 날이 갈수록 그들이 원망스러웠어요.

나의 인기가 원나라까지 갔구나.

수녕 옹주 묘지명

어린 여자들이 끌려갔어요

원나라 사신들은 13~16세 고려의 여자들을 공녀로 뽑아
원나라로 끌고 갔어요. 끌려간 여자들은 궁에서 일을 하거나
원나라 사람과 결혼을 했어요. 공녀를 뽑을 때는 왕족이나 관리,
일반 백성의 딸을 가리지 않았어요.
만일 딸을 숨겼다가 들키면 귀족이라고 해도 혹독한 벌을 받았지요.
그래서 딸이 태어나면 비밀로 하고, 되도록 일찍 결혼시키는 풍습이
생겨났답니다.

★**공녀** 고려 때 원나라에 바쳤던 여자예요.

원나라의 간섭과 고려에 닥친 시련

원나라 풍속이 널리 퍼졌어요

변발하지 않은 자는 따라오지 마라

충렬왕과 결혼한 원나라 제국대장공주가 고려에 오는 날이었어요. 왕비를 마중 나가던 충렬왕이 신하들을 돌아보며 말했어요. "변발★하지 않은 신하는 따라오지 마라." 일찍부터 원나라 방식의 옷차림과 머리 모양을 따르던 충렬왕이 변발을 하지 않는 신하들을 보고 화가 난 거예요. 자신의 부인이자, 원나라 황제의 딸인 제국대장공주가 그 모습을 보고 기분이 나쁠까 봐 걱정이 되었기 때문이에요.

★**변발** 남자의 머리를 뒷부분만 남기고 깎아 뒤로 땋은 머리 모양이에요.

내가 변발을 하라고 백 번, 천 번 말했거늘! 왕비가 보면 기분 나쁘잖아!

몽골어를 썼어요

원나라에서 온 왕비와 신하들은 궁궐 안에서 몽골어를 썼어요. 임금의 식사는 '수라', 왕실의 높은 사람은 '마마', 직급이 낮은 궁녀는 '무수리'라고 불렀어요. 시간이 지나자 궁궐에서 쓰던 말들이 점차 밖으로 퍼져 나갔어요. 벼슬아치, 장사치 같은 말의 뒤에 붙는 '-치'나 아기, 아가씨, 마누라 등 몽골어의 영향을 받은 말들이 널리 쓰였어요.

★몽골어 몽골(원나라) 민족이 쓰는 언어예요.

원나라의 간섭과 고려에 닥친 시련

몽골어를 잘하면 출세가 빨랐어요. 고려와 원나라 사이의 무역이 활발해지면서 몽골어를 사용할 데가 많아졌기 때문이에요. 몇몇 귀족들은 오랑캐*말이라고 생각하여 몽골어를 쓰지 않았지만, 양인이나 노비들 사이에서는 몽골어를 배우는 사람들이 점점 늘어났어요. 특히 몽골어 통역을 잘하는 사람은 왕이나 관리들의 눈에 띄어 큰 재산을 모으고 벼슬을 받기도 했어요.

★**오랑캐** 여진이나 다른 민족을 낮잡아 이르는 말이에요.

원나라 스타일이 유행했어요

원나라 풍습은 고려에서 대유행했어요. 변발하는 남자들이 늘고, 원나라 귀부인들처럼 연지곤지를 찍고 머리에 족두리를 쓰는 여자들도 생겨났어요. 주로 채식을 즐기던 사람들이 설렁탕 같은 고깃국을 먹게 된 것도 원나라 사람들이 드나들면서 생긴 변화예요. 고려에 머물던 원나라 군인들이 즐겨 마시던 소주도 이때 들어왔어요.

복을 비는 경천사 10층 석탑

서울 국립중앙박물관 1층에 우뚝 서 있는 탑이 있어요. 흰빛으로 빛나는 몸체에 천장을 뚫을 듯한 기세로 사람들을 내려다보는 탑이에요. 이것은 개성 근처의 한 절에 있던 '경천사 10층 석탑'이에요. 그런데 가까이에서 보니 다른 탑들과 조금 달라 보여요. 우리나라 탑은 대부분 화강암으로 만드는데 이 탑은 대리석으로 만들었어요. 또 3, 5, 7, 9의 홀수 층이 아니라 짝수인 10층이에요. 기와집을 층층이 쌓아 올린 모양으로 각 층마다 기와지붕을 섬세하게 표현했고, 사방에 부처와 보살, 꽃무늬를 가득 조각하여 무척 화려해요. 이 탑은 원나라에 충성하여 출세한 고려 사람들이 원나라 황제의 복을 비는 마음으로 만든 거예요. 원나라에 사는 기술자들을 불러와서 만들었기 때문에 우리 탑과는 모습이 많이 다르지요.
그런데 개성에 있어야 할 탑이 왜 국립중앙박물관에 있는 것일까요? 일제 강점기 때 이 탑을 탐낸 일본 사람이 몰래 일본으로 실어 갔어요. 많은 사람들의 노력으로 몇 년 뒤에 돌아오기는 했지만 안타깝게도 많이 손상된 상태였지요. 경천사 10층 석탑은 10여 년에 걸친 복원 작업을 끝내고, 새로 지은 국립중앙박물관에 자리 잡게 되었어요.

경천사 10층 석탑

이 탑은 원나라 기술자들이 만든 경천사 10층 석탑이라네!

아, 어쩐지… 고려의 탑과는 다르다 했소….

> 나는 기황후의 오빠다! 재물을 다 내놓아라.

> 나는 원나라의 황후라고!

횡포를 부리는 사람들

　원나라가 고려를 간섭한 80년 동안 백성들은 얼마나 살기가 힘들었을까요? 하지만 모두가 힘들었던 것은 아니에요. 원나라에 충성하고 그들의 말을 잘 듣는 사람들은 오히려 크게 성공했어요. 원나라로 끌려간 여자가 지배층의 부인이 되면, 그녀의 가족들도 고려에서 출세를 할 수 있었어요. 대표적인 인물로 원나라 황실의 궁녀로 일하다가 황후★의 자리까지 오른 기황후가 있어요. 기황후의 오빠 기철은 고려의 임금보다 더 큰 권세를 누렸지요. 이런 사람들을 '부원 세력'이라고 해요.

★ **황후** 황제의 부인이에요.

부원 세력

부원 세력들은 원나라의 힘만 믿고 온갖 행패를 부리며 고려 백성들의 땅과 재물을 빼앗고 그들을 노비로 삼았어요.
또한 백성들이 내는 세금을 중간에서 가로채서 자신들의 배를 불렸지요. 심지어 원나라 황제에게 "고려를 원나라의 땅으로 만들어 달라."는 부탁까지 했어요.
이렇게 권력을 함부로 휘두르는 부원 세력 때문에 고려 사회는 더욱 혼란스러워졌고 갈등이 깊어졌어요.

같은 고려 사람들끼리 정말 너무하는군….

새로운 학문, 성리학이 들어왔어요

저게 다 무슨 말이야?

오호~ 이렇게 훌륭한 학문이 있다니!

성리학이 뭐예요?

몸과 마음을 단련하고 나라를 잘 다스리기 위한 공자의 가르침을 유학이라고 해요. 송나라 사람인 주자는 유학에서 더 나아가 우주와 세상이 만들어지고 발전하는 원리를 깊이 있게 연구했는데 이것이 성리학이에요. 성리학을 처음 고려에 소개한 사람은 안향이에요. 그는 원나라에 사신으로 갔다가 성리학을 처음 접하고 그 원리에 크게 감탄해 성리학과 관련된 책들을 그대로 옮겨 써서 고려로 가져왔어요.

원나라의 간섭과 고려에 닥친 시련

만권당

만권당에서 성리학을 배워요

충선왕은 왕위에서 물러난 뒤 원나라에 있는 자신의 집에 '만권당'이라는 서재를 지었어요. 그리고 그곳 성리학자들과 가깝게 지내며 공부하고, 고려에 사는 이제현 같은 젊은 학자들을 불러들여 성리학을 배우도록 했지요. 이제현은 나중에 고려로 돌아와 성리학을 전하고 발전시키는 데 크게 이바지했어요.
만권당의 학자들은 성리학 연구뿐만 아니라, 고려와 원나라가 서로 문화를 나누는 데 중요한 역할을 했어요.

섬세하고 화려한 고려 불화를 감상해요

〈수월관음도〉는 선재동자★가 관음보살을 찾아가 불법에 대한 가르침을 받는 장면을 그린 그림이에요. 관음보살의 머리에서 발끝까지 감싸며 흐르는 투명한 사라★를 보세요. 바람이 불면 차랑차랑 흔들릴 것 같지요? 그 사이로 비치는 붉은 치마는 섬세한 넝쿨무늬로 가득해요. 금가루로 빈틈없이 그린 무늬들은 화려하면서도 관음보살을 더욱 돋보이게 해 주지요.

이 그림처럼 불교 경전의 내용을 그린 그림을 '불화'라고 해요. 고려의 지배층들은 불화를 절에 바치며 죽은 뒤에 극락에서 태어나기를 소원했어요.

★선재동자 도를 구하는 보살이에요.
★사라 명주실로 짠 비단이에요.

수월관음도

<미륵하생경변상도>는 미래의 부처인 미륵 부처가 세상에 내려와 중생들을 도와준다는 내용의 그림이에요. 높이가 약 170센티미터에 이를 정도로 큰 불화예요. 그림의 가운데에 있는 미륵 부처가 보이지요? 아래쪽은 미륵 부처가 내려온 세상의 모습을 그렸어요. 가마를 메고 가는 사람, 추수하는 사람 들을 보면 고려 농민들의 생활을 짐작해 볼 수 있답니다.

오랜 세월이 흘렀지만 고려 불화가 아직도 선명한 색을 띠고 있는 것은 뛰어난 솜씨 덕분이에요. 특히 뒷면에 물감을 칠해 앞면으로 색이 배어 나오면 다시 앞에서 칠하는 '배채법'을 곳곳에 사용해서 자연스러운 색을 연출했어요. 하지만 이렇게 뛰어난 고려 불화들을 직접 만나기는 어려워요. 많은 그림들이 일본 등 여러 나라에 흩어져 있기 때문이에요.

★중생 불교에서 살아 있는 모든 것을 뜻하는 말이에요.

미륵하생경변상도

부디 극락에서 다시 태어나길…

역사 놀이터

도윤이와 지유가 휴대 전화로 문자를 주고받는데, 몽골어의 영향을 받은 말이 섞여 있어요. 이 책 122쪽을 다시 한번 잘 읽어 보고 몽골어 두 개를 찾아보세요.

오후 12 : 30

지유야, 뭐 해?

〈그림으로 보는 한국사〉 읽어.

책을 읽는다고? 네가?

왜 나는 책 읽으면 안 돼?

ㅎㅎㅎ 그건 아니고. 참, 수라는 먹었어?

응. 아까 햄버거 먹었어. 너는?

나는 사촌 동생들이 놀러 와서 같이 밥 먹었어. 막내가 아직 아기인데 계속 울어 대서 밥을 코로 먹었는지 입으로 먹었는지 모르겠어.

ㅋㅋㅋ

 난 밖에 가랑비도 오고 집에서 게임이나 해야겠다.

무슨 게임?

 역사 게임이야. 게임 캐릭터가 변발을 한 사람이야. 머리가 훌랑 벗겨져 있어서 되게 웃겨.

너 게임 너무 많이 하는 거 아냐? 또 엄마한테 혼나려고?

 한 시간밖에 안 하거든!

도윤아, 나 이번 주말에 아리수에 갈 건데 같이 갈래?

 아리수에는 왜?

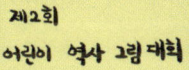
어린이 역사 그림 대회 하거든. 상품도 되게 많아.

 그래? 재밌겠다. 엄마한테 여쭤 보고 말해 줄게.

아무리 강한 나라라고 해도 기우는 때가 오나 봐요.
강했던 원나라가 점점 힘을 잃어 가는 것을 보면요.
원나라의 변화를 먼저 알아차린 사람은 공민왕이었어요.
공민왕은 원나라의 간섭에서 벗어나기 위해 여러 가지 개혁을 실시했지만
실패했어요. 게다가 홍건적과 왜구는 고려 백성들을 끊임없이 괴롭혔어요.
이렇게 많은 고비와 위기를 이겨 낸 고려에서는 새로운 세력이 떠오르며
나라를 개혁하려는 움직임을 보이기 시작했답니다.
고려를 지키려는 세력과 **새 나라를 세우려는 세력**,
이들 중에 누가 성공을 거두었을까요?

개혁의 실패와 떠오르는 세력

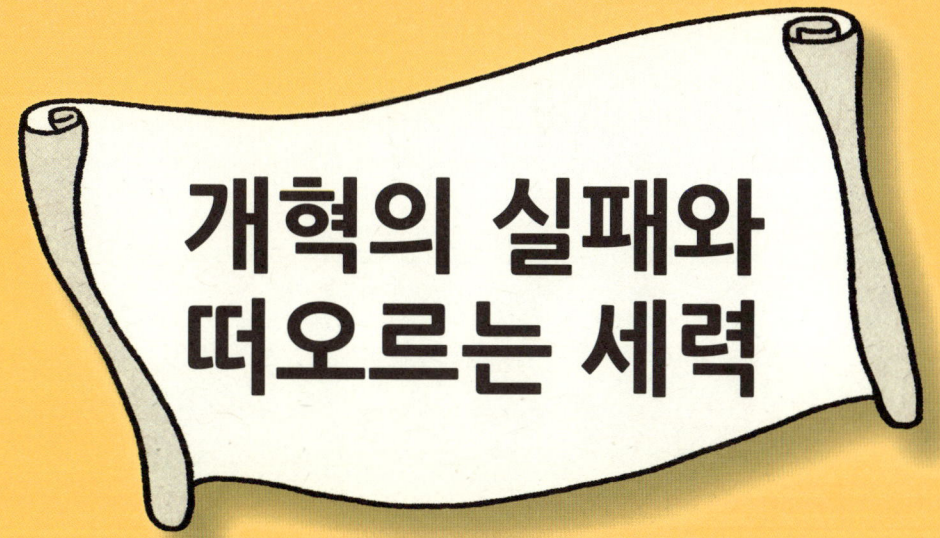

원나라의 간섭에서 벗어나기 위해

때를 기다리는 공민왕

공민왕이 왕위에 오를 즈음, 원나라는 황제가 자주 바뀌고 곳곳에서 농민들의 반란이 일어나서 무척 혼란스러웠어요.
공민왕은 곰곰이 생각해 보았어요. '지금이야말로 원나라의 간섭에서 벗어날 수 있는 절호의 기회가 아닐까?'
왕이 된 공민왕은 먼저 자신의 차림새부터 바꾸었어요. 변발과 원나라 옷을 벗어던진 거예요. 신하들에게도 원나라의 풍속을 금지하고 고려의 풍습을 따르도록 했지요. 그리고 원나라의 상황을 지켜보며 조용히 때를 기다렸어요.

개혁의 실패와 떠오르는 세력

빼앗긴 땅을 되찾아라

마침내 기회가 왔어요. 공민왕은 오랫동안 생각해 온 계획을 실천에 옮겼어요. 먼저 기철을 비롯한 부원 세력들을 술자리로 불러내서 한꺼번에 물리쳤어요. 그다음 원나라에서 강제로 빼앗아 간 철령 이북 땅으로 군사들을 보냈어요. 이자춘과 그의 아들 이성계가 그곳에서 공민왕의 명령을 기다리고 있었어요. 고려군은 그들의 도움으로 쌍성총관부★ 지역을 되찾고 북쪽으로 영토를 넓혔어요.

★쌍성총관부 원나라가 고려의 이북 지역을 통치하기 위해 설치한 관청이에요.

고려가 원나라에게 되찾은 지역이에요.

공민왕의 시련

원나라에 빼앗겼던 땅은 되찾았지만 공민왕에게 잦은 시련이 잇달아 닥쳐왔어요.
북쪽에서는 홍건적이, 남쪽 해안에서는 왜구들이 자주 고려를 침략했어요. 머리에 붉은 수건을 두른 홍건적은 원나라에 반란을 일으킨 농민들인데, 그들 중에 한 무리가 고려로 쳐들어온 거예요. 다행히 홍건적 무리를 물리쳤지만 고려는 큰 피해를 입었어요.
얼마 뒤, 원나라 기황후가 공민왕을 내쫓으려고 했어요. 공민왕이 자신의 오빠인 기철을 죽인 사실을 알았기 때문이에요. 하지만 공민왕은 굴하지 않고 끝까지 맞섰어요.

공민왕과 노국대장공주의 사랑

고려의 왕들과 원나라 출신의 왕비들은 사이가 좋지 않았어요. 그런데 공민왕과 노국대장공주는 서로를 지극히 아끼고 사랑했어요. 원나라 편을 들며 공민왕의 개혁을 반대했던 신하들이 공민왕의 목숨을 위협했을 때도 노국대장공주가 "원나라에 이 사실을 알리겠다." 하고 방문 앞에 버티고 앉아서 공민왕을 구했어요. 그런 노국대장공주가 아기를 낳다가 그만 세상을 떠나고 말았어요. 공민왕은 나랏일을 하지 못할 만큼 큰 슬픔에 빠졌어요.

▲공민왕릉
공민왕릉과 노국대장공주의 무덤인 정릉이 함께 있어요.

문익점이 목화를 길렀어요

원나라에 머물던 문익점이 목화솜을 만지며 중얼거렸어요.
"거참, 폭신폭신한 게 참으로 따뜻하구나."
그는 목화솜을 보니 추운 겨울에 얇은 삼베옷을 겹겹이 껴입고 덜덜 떠는 고려 백성들이 생각났어요. 그는 목화씨를 챙겨서 고려로 갔어요.
하지만 고려로 향하는 발걸음이 무거웠어요.
얼마 전, 원나라 기황후가 공민왕을 내쫓고 다른 사람을 왕으로 세우려고 했을 때 문익점이 새로운 왕을 편들었거든요. 그런데 공민왕이 이겼으니 고려로 돌아가면 벌을 받을 게 뻔했어요.
예상대로 공민왕은 문익점의 벼슬을 빼앗았어요. 그는 고향으로 내려가 장인인 정천익과 함께 목화씨를 심었어요.
하지만 목화가 우리 땅의 날씨와 맞지 않은지 꽃이 거의 피지 않았어요.

◀ 목화

정천익이 실망한 문익점에게 말했어요.
"한 송이라도 피었으니 다행이네. 이 꽃에서 씨를 받아 내년에 또 심어 보세."
3년이 흘렀어요. 넓은 밭에 하얀 꽃들이 가득했어요. 꽃이 떨어진 자리에
둥근 열매가 달리고 꼬투리가 터지면 그 속에 몽실몽실한 솜이 꽉 들어찼어요.
그는 원나라에서 온 승려 홍원에게 실을 뽑고 옷감 짜는 일을 배워서
무명(면)을 만들어 널리 퍼뜨렸어요.
무명은 땀을 잘 흡수해 여름에는 시원하고, 겨울에는 목화솜을 넣어 따뜻한 옷과
이불을 만들 수 있어요. 사실 삼국 시대에도 목화를 길렀는데 재배하기 어려워서
무명이 매우 귀했어요. 하지만 문익점과 정천익이 노력한 덕분에 목화를 널리
재배할 수 있게 되었고, 백성들은 따뜻한 겨울을 보냈어요.

개혁의 칼날을 빼 든 신돈

고려 후기에는 문벌 귀족과 부원 세력들이 대대로 높은 벼슬을 하며 넓은 땅을 차지했어요. 가짜 문서를 만들어 땅을 늘리고, 그 땅에 농사를 짓기 위해 백성들을 강제로 노비로 만들었지요. 그렇게 차지한 땅이 어찌나 넓은지 끝이 보이지 않을 정도였어요. 세금을 내지 않는 귀족들의 땅만 늘어나니 나라의 창고는 텅 비었고, 백성들의 한숨은 깊어만 갔지요. 배부른 귀족과 관리들은 가난한 백성들을 계속 모른 척했어요. 공민왕은 걱정이 되었어요.

개혁의 실패와 떠오르는 세력

어떡하면 신돈을 몰아낼 수 있을까?

'누가 나와 함께 개혁을 추진할 수 있을까?'
노국대장공주가 죽은 뒤 깊은 시름에 빠져 있던 공민왕은
자신을 대신할 사람이 필요했어요. 욕심 많은 귀족이나 관리들과
관계없는 참신한 인물이어야 했지요. 공민왕은 승려인 신돈을
선택했어요. 신돈은 '전민변정도감*'을 설치하고 귀족들이 빼앗은
땅을 원래 주인들에게 모두 돌려주었어요.
억울하게 노비가 된 사람들도 모두 풀어 주었어요.

★전민변정도감 토지와 노비를 정리하기 위해 설치한 임시 관청이에요.

백성들은 너무 기뻐서 "성인이 나왔다."라고 하며 신돈을 우러러보았어요. 하지만 문벌 귀족과 부원 세력들에게 신돈은 눈엣가시 같았어요. 공민왕도 신돈의 힘이 너무 커지는 것이 싫었어요. 결국 신돈은 반역죄로 몰려 처형을 당했어요. 신돈이 죽은 뒤, 공민왕은 개혁을 이루지 못하고 암살되었어요. 고려의 개혁도 흐지부지되고 말았어요.

개혁의 실패와 떠오르는 세력

계속되는 왜구의 침략

해안가에서 살 수 없어요

일본의 해적(왜구)들은 고려의 바닷가 마을에 쳐들어와 식량을 빼앗고 집에 불을 지르고 마을 사람들을 죽였어요. 마을 사람들은 왜구의 노략질★을 견디다 못해 집을 버리고 도망쳤어요. 그중에는 청자를 만들던 도공들도 있었어요. 도자기 굽는 마을들은 대부분 운반하기 편하도록 바닷가 가까이에 있었거든요. 도공들이 떠나자 더 이상 청자를 만들 사람이 없었어요. 무너져 가는 고려와 함께 청자도 서서히 사라져 갔어요.

★**노략질** 떼를 지어 다니며 사람을 해치거나 돈이나 물건을 강제로 빼앗는 것을 말해요.

화약을 만들어 왜구를 물리친 최무선

최무선은 화약을 연구한 발명가예요. 화약을 먼저 발명한 중국은 화약을 만드는 방법이 다른 나라에 새어 나가지 않게 철저히 비밀로 했어요. 최무선은 원나라의 상인을 겨우 설득해서 화약의 주원료인 염초를 만드는 방법을 알아냈고, 무수한 실험 끝에 화약을 만드는 데 성공했어요. 최무선이 이토록 끈질기게 화약 개발에 매달린 것은 화약이 얼마나 중요한지 잘 알았기 때문이에요.

개혁의 실패와 떠오르는 세력

최무선은 나라에 건의해 화통도감이라는 관청을 설치했어요. 화통도감에서는 화약을 이용한 여러 가지 무기를 만들었어요. 1380년에 왜구가 침입하자 그동안 개발한 화포를 배에 싣고 바닷가에 묶어 둔 적의 배를 공격했어요. 배를 모두 불태우고 큰 승리를 거두었어요. 그 뒤로 왜구가 몇 번 더 쳐들어왔지만 최무선이 만든 화약 앞에서 꼼짝도 못했어요.

★**화포** 화약의 힘으로 탄알을 쏘는 무기예요.

세계에서 가장 오래된 금속 활자

프랑스 국립도서관에 보관된 〈직지심체요절〉의 마지막 장을 넘기던 박병선 박사의 가슴이 쿵쾅거리기 시작했어요.
"1377년 청주 흥덕사에서 쇠를 녹여 부어 만든 활자를 찍어 배포했다."
이 짧은 문장이 박병선 박사의 눈을 사로잡은 거예요.
'고려에서는 1377년에 이미 금속 활자를 사용하고 있었구나!'
박병선 박사는 그 사실을 알고 깜짝 놀랐어요.
세계 최초라고 알려진 독일의 구텐베르크가 발명한 활자보다 고려의 금속 활자가 78년이나 앞선 기술이었기 때문이에요.
이전까지 우리 조상들은 나무판에 글씨를 새겨 책을 인쇄했어요. 하지만 나무판은 갈라지거나 뒤틀리기 쉽고, 힘들게 만들어도 그 책을 찍는 데밖에 사용할 수 없었지요. 그래서 고려 사람들은 단단한 금속으로 활자를 한 자 한 자 만들어 두고, 인쇄할 때 필요한 글자를 짜 맞추어 쓰는 편리한 방법을 생각해 냈어요. 이것이 바로 '금속 활자'랍니다.

▲ 직지심체요절

쇠를 녹여 만든 활자를 찍었다고? 1377년에?

고려의 운명을 결정한 요동 정벌

새롭게 떠오르는 세력

무신들은 홍건적과 왜구를 물리치는 데 공을 많이 세웠어요. 특히 최영과 이성계가 이름을 널리 알렸지요. 북쪽 지방의 젊은 실력자에 지나지 않았던 이성계는 왜구를 크게 무찌르고 높은 자리에 올랐어요. 높은 벼슬에 앉게 된 최영도 '황금 보기를 돌같이 하라.'라는 아버지의 유언을 지키며 백성들의 존경을 한몸에 받고 있었고요.

우리는 홍건적과 왜구를 물리친 고려의 스타 장군들!

개혁의 실패와 떠오르는 세력

명나라는 중국의 새 강자

중국에서는 홍건적의 우두머리 중에 하나였던 주원장이 힘을 키워 원나라 세력을 몰아내고 명나라를 세웠어요. 그리고 고려에게 조공*을 바치라고 했어요. 공민왕은 중국의 새 주인이 된 명나라의 요구를 무시할 수 없었어요. 하지만 명나라의 요구는 시간이 갈수록 점점 심해졌어요. 공민왕의 아들인 우왕 때에는 "철령 이북 지방은 원래 원나라 땅이었다. 내놓아라!" 하고 말했을 정도예요.

★조공 중국의 주변 나라들이 중국에게 귀한 물건을 바치던 일이에요.

요동 지방을 공격한 최영

철령 이북 지방은 공민왕이 이성계 부자의 도움으로 되찾은 땅이에요. 최영은 명나라의 황당한 요구를 듣고 이성계에게 요동★ 지방을 함께 공격하자고 했어요. 하지만 이성계가 네 가지 이유를 들며 반대했어요. 그때 최영과 생각이 같았던 우왕이 이성계를 대장으로 임명하여 요동 지방을 공격하라고 명령했어요. 이성계는 할 수 없이 요동 지방을 공격하러 군사들과 길을 나섰어요.

★**요동** 중국 랴오허 강의 동쪽 지방이에요.

나랑 요동을 공격하자니까!

저는 반대합니다. 반대하는 이유, 들어 보실래요?

요동 지방을 공격하면 안 되는 이유

1. 작은 나라가 큰 나라를 거스르는 것은 옳지 않기 때문에
2. 여름에 군대를 일으키면 농사에 큰 피해를 주기 때문에
3. 요동을 공격하는 동안 남쪽에서 왜구가 쳐들어올 수 있기 때문에
4. 장마철이라 활이 약해지고 전염병이 돌 수 있기 때문에

개혁의 실패와 떠오르는 세력

이성계와 군사들은 요동 지방을 가던 중에 압록강에 있는 위화도라는 섬에 도착했어요. 그런데 이미 장마가 시작되어 압록강 강물이 불어나 있었어요. 이성계가 생각 끝에 군대를 되돌리자고 말했어요. 하지만 우왕이 허락하지 않았어요. 이성계는 우왕의 말을 따르지 않고 다른 장군들을 설득했어요.
"명나라에 쳐들어가면 분명히 우리나라와 백성들에게 나쁜 일이 생길 것입니다. 그러니 요동 지방을 공격하라고 주장한 최영을 잡으러 갑시다." 그리고 군사들을 향해 말했어요.
"군사들이여, 어서 군대를 돌려라!"

군대를 돌려 최영을 잡자!

와 와

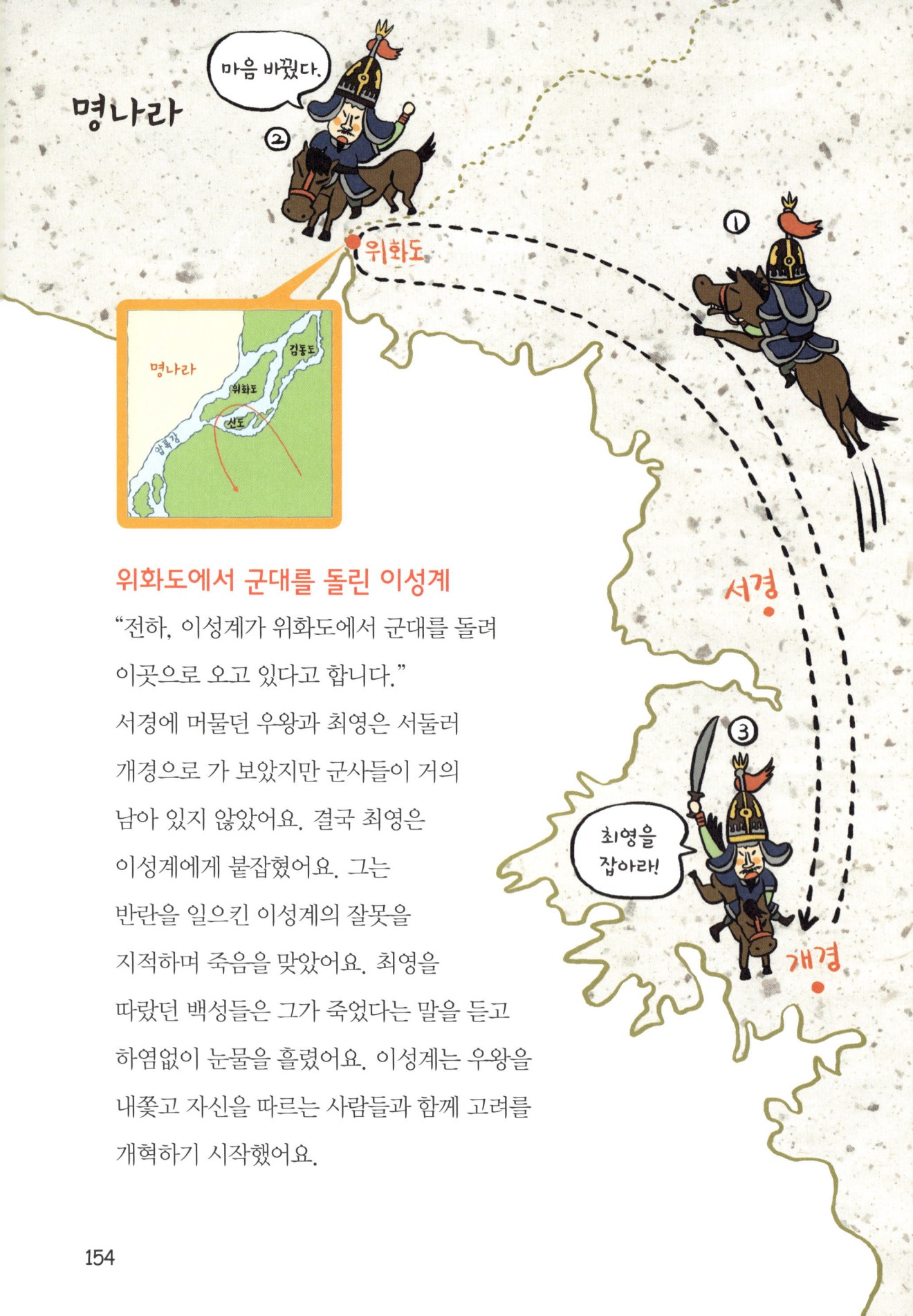

위화도에서 군대를 돌린 이성계

"전하, 이성계가 위화도에서 군대를 돌려 이곳으로 오고 있다고 합니다."
서경에 머물던 우왕과 최영은 서둘러 개경으로 가 보았지만 군사들이 거의 남아 있지 않았어요. 결국 최영은 이성계에게 붙잡혔어요. 그는 반란을 일으킨 이성계의 잘못을 지적하며 죽음을 맞았어요. 최영을 따랐던 백성들은 그가 죽었다는 말을 듣고 하염없이 눈물을 흘렸어요. 이성계는 우왕을 내쫓고 자신을 따르는 사람들과 함께 고려를 개혁하기 시작했어요.

개혁의 실패와 떠오르는 세력

고려

한편, 명나라는 고려가 요동 지방을 공격하려고 했다는 사실에 놀라서 철령 이북 지방을 차지하려던 계획을 슬그머니 덮었어요. 최영의 요동 정벌★이 효과를 거둔 셈이었어요. 하지만 요동 정벌은 이성계에게 빌미를 주어 고려의 멸망을 부르는 결과를 가져온 사건이기도 합니다.

★요동 정벌 요동 지방을 공격했다는 뜻으로, 역사책에 자주 나오는 말이에요.

무너지는 고려, 떠오르는 조선

이성계가 왜구를 물리치고 승승장구하고 있을 무렵, 다른 한편에서는 성균관을 통해 이색, 정몽주, 정도전 같은 신진 사대부★들이 정치의 중심으로 떠올랐어요. 성균관은 공민왕이 왕위에 있을 때 성리학을 가르치던 곳이에요.
신진 사대부들은 성리학의 가르침에 따라 왕이 백성들을 사랑하고 덕을 베풀어야 한다고 생각했어요. 또한 신하와 백성들도 각자 지켜야 할 도리를 다해야 좋은 세상이 온다고 주장했어요.

★**성균관** 유학을 교육하는 곳이에요.
★**신진 사대부** 고려 말, 성리학을 공부하고 과거에 합격한 관리들로서 개혁을 주장했어요.

하지만 세상은 달랐어요. 귀족과 절들이 땅을 모조리 차지했고, 왕은 제 역할을 못했으며, 백성들은 매일 가난에 허덕였어요.
신진 사대부는 부패한 귀족들과 불교를 강하게 비판했어요. 또한 토지 제도를 바꾸어 나라의 살림을 튼튼히 하고 백성들을 잘살게 해 주어야 한다고 목소리를 높였지요.
그 뒤 신진 사대부는 자신들과 생각이 비슷한 이성계와 손을 잡고 새로운 정치를 펼치기 위해 힘을 모았어요.
1392년 이성계는 고려를 무너뜨리며 왕위에 올랐고, 곧 '조선'이라는 새 시대의 문을 활짝 열었어요.

역사 놀이터

최무선의 이야기를 다룬 영화가 개봉했어요! 감독은 최활활, 주연 배우는 이펑펑과 신스르르예요. 두 개의 영화 포스터를 잘 보고 다른 부분을 다섯 군데 찾아보세요.

1395년 12월 대개봉

펑

화약

화약의 아버지

"남들은 나를 위대한 발명가라 부르지만, 나는 고려를 사랑한 백성일 뿐입니다!"

감독 최활활 | 주연 이펑펑, 신스르르

 정답

▼ 40~41쪽

▼ 80~81쪽

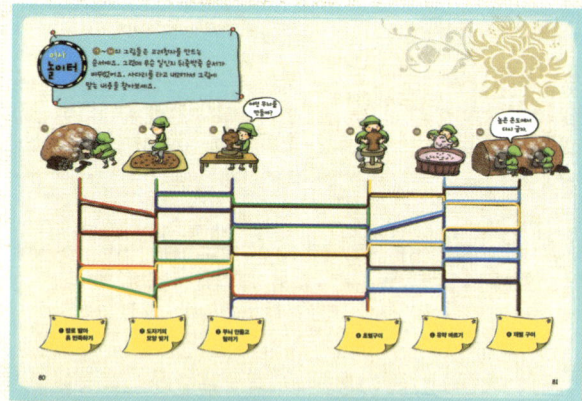

ㄱ - ④   ㄴ - ①   ㄷ - ③
ㄹ - ②   ㅁ - ⑤   ㅂ - ⑥

▶ 112~113쪽 : 여러분이 쓴 글이 정답입니다.

▼ 132~133쪽

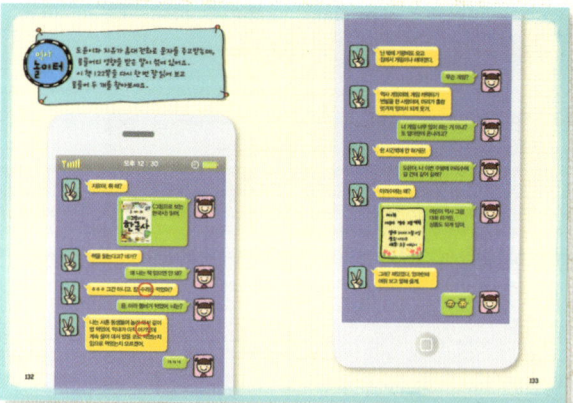

정답 : 수라, 아기

▼ 158~159쪽

〈그림으로 보는 한국사〉 시리즈(전 5권)는 계속 출간됩니다.

1권   선사 시대부터 백제까지
2권   신라부터 발해까지
3권   고려 전기부터 후기까지
4권   조선 전기부터 후기까지
5권   개화기부터 현대까지